ゲルニカ

無差別爆撃と
ファシズムのはじまり

早乙女勝元 著

新日本出版社

ゲルニカ　無差別爆撃とファシズムのはじまり　もくじ

スペインにある国際旅団の女神と兵士像。スペイン戦争では世界各国から共和国側義勇軍が集まり、国際旅団を結成していた

イタリアのボローニャ市庁舎。壁にレジスタンス戦士犠牲者の肖像が飾られた碑がある

ゲルニカ

ナチ爆撃のスペインの町

ゲルニカ町のシンボル「樫の木」とピカソの「ゲルニカ」の複製

1　ゲルニカへ行ってみるべし

シエスタの国スペイン

「ごぶさたしていますが、また夏の旅行のご案内です。次の取材先は、もうお決まりですか」

ある日のこと、なじみの旅行社の青年から、そんな電話がかかってきたのが、私《わたし》のゲルニカ行きの直接的《ちょくせつてき》な動機となった。

「いや、まだまだ。貧乏暇《びんぼうひま》なしで、次つぎと追われてましてね」

「ちょっと遠いのですが、スペインなんかどうですか。あのシエスタの国ですよ」

「え？　シエスタ？」

「はっははは……、昼寝《ひるね》のことですよ。スペインでは、レストラン以外は昼の一時から四時まで店を閉《し》めてしまうのです。カンカン照りの太陽だけが、惜《お》しみなく働いているわけです」

「昼寝時間をとる国は、ほかにもあるし、実をいえばぼくもシエスタ付きですよ」

「でも、先生、スペインでは小学生だって、二時間半もの長い昼休みです。弁当《べんとう》を持ってくる子は、よほど家が遠い場合だけで、たいていは昼に一度家へ帰るのです。夏休みだって三カ月もあります。日本の子どもと比《くら》べたら、たいへんなゆとりでしょう」

「ゆとりはいいが、午後から学校へ出かけていく頃《ころ》には、もう日が暮《く》れるんじゃないのかな」

「いえ、暗くなるのはずっと後で、夕食はたいてい夜の九時頃《ごろ》です。それから音楽会やフラメンコなどが始まりますから、バルセロナなんかへ行ったら、毎晩《まいばん》がお祭りドンチャン騒《さわ》ぎで、そりゃ楽しいですよ」

「やめた、やめた。とても身が持たん！」

私は悲鳴を上げて、彼《かれ》の誘惑《ゆうわく》に即刻《そっこく》ＮＯの決断《けつだん》を下したものだった。ところが敵《てき》はさるもの、まだ奥《おく》の手《て》が用意されていたというべきだろう。

「それじゃ、テーマをゲルニカにしぼったら、いかがですか。有名なピカソの絵はマドリードで見ることができますが、題材とされたその町まで行く人はめったにいません。行ってみるだけでも価値《かち》がありますよ」

「めったに行けないほど、不便なところとちがうかな」

「なに、空路なら簡単《かんたん》ですよ。ちょうど今、池袋《いけぶくろ》でピカソのゲルニカ展《てん》をやってますから、参考までに見ておくのも悪くないと思いますがね」

「ふーん……。じゃ、そのうちにね。いつか、ついでがあったらの話だな」

と、私は気乗り薄《うす》に答えたものだが、実はそれから数日もしないうちに、そそくさと池袋の東武美《とうぶび》術館《じゅつかん》へと足を向けていた。彼の電話に触発《しょくはつ》されたわけではないけれど、これは見逃《みのが》すわけにはいかないと思ったのだった。

私が東京大空襲《だいくうしゅう》の記録運動に取り組んだのは、一九七〇年のことだったから、なんともう二昔《ふたむかし》以上も前のことになる。体験者の証言収集《しょうげんしゅうしゅう》を基調《きちょう》にして、さまざまな角度から空襲・戦災《せんさい》を調べはじめたが、非戦闘員《ひせんとういん》ともいうべき一般《いっぱん》市民への無差別爆撃《ばくげき》の歴史をさかのぼれば、ゲルニカは後の東京大空襲や広島・長崎《ながさき》への大量殺戮《ジェノサイド》に至《いた》る大規模《だいきぼ》都市爆撃の実験台というか、端緒《たんしょ》とされた町である。

私の関心は、それからゲルニカに長く尾《お》を引いていたといえる。

ところが、「ゲルニカとは？」と聞かれた場合、ほとんどの人は「ピカソの絵」と答えるのではないか。なるほど、二〇世紀の美術界をリードした画家パブロ・ピカソの代表作が「ゲルニカ」であることは確《たし》かだが、それがナチス・ドイツ軍の空爆《くうばく》で壊滅《かいめつ》されたスペイン北部の小さな町だと知る人は、そう多くはないだろう。

ピカソの「ゲルニカ」展で

東京は池袋の東武美術館（二〇〇一年閉館）で見ることのできたピカソ展は、正確《せいかく》には「ピカソ―愛と苦悩《くのう》―ゲルニカへの道」展という。反戦・平和のシンボリックな大作「ゲルニカ」を構成《こうせい》する「闘牛《とうぎゅう》」「磔刑《たっけい》」「ミノタウロス」「女」「アトリエ」など、五つのテーマに沿《そ》って、かなりの量の作品が展示《てんじ》されていた。

ピカソが、「ゲルニカ」を創造《そうぞう》するまでの芸術《げいじゅつ》上のプロセスが、テーマごとの作品で見ることができるわけだが、その試みは評価《ひょうか》されてよいとはいうものの、決してわかりやすい絵ではないから、丹念《たんねん》に見ていくとかなり疲《つか》れる。そして、それらの集大成ともいうべき「ゲルニカ」は、残念ながら原寸大《げんすんだい》のレプリカであり、写真複製《ふくせい》だった。

なんと、縦《たて》三・五メートル、横八メートル近い超《ちょう》大作である。

ピカソは、なぜこんな大がかりな作品を描《えが》いたのだろうか。

依頼《いらい》したのは、スペイン戦争さなかの、人民戦線派《は》に属《ぞく》する共和国政府《せいふ》だった。一九三七年のことだが、反乱軍《はんらんぐん》の軍事力に劣勢《れっせい》に立たされた同政府は、反ファシズム統一《とういつ》戦線を国際的《こくさいてき》にアピールすべく、その年の夏に開催《かいさい》のパリ万国博《ばんこくはく》を飾《かざ》る壁画《へきが》に目をつけたのである。しかし、さすがのピカソも、壮大《そうだい》な壁画の構想《こうそう》は容易《ようい》に決まらなかった。そこへ、ゲルニカの惨劇《さんげき》が伝えられたのだった。怒《いか》りに震《ふる》えた画家はただちに絵筆をとって、全体の構図《こうず》を決めてから、ほとんど一カ月足らずで完成させたという。

スペイン戦争の一コマだったナチのゲルニカ爆撃は、ピカソの絵によって世界的な注目を集め、ナチの蛮行《ばんこう》が心ある人びとの批難《ひなん》と抗議《こうぎ》の的になったのである。

大きさもさることながら、ほとばしるような情熱《じょうねつ》と憤《いきどお》りとをこめて、白と黒を基調に一気呵成《かせい》に描き上げた大作は、やはりというべきか、想像《そうぞう》以上の迫力《はくりょく》があった。

爆撃の惨劇からヒントを得たにもかかわらず、大作にはなぜか直接《ちょくせつ》それらしいものは描かれていない。急降下《きゅうこうか》する爆撃機《ばくげきき》や降《ふ》り注《そそ》ぐ爆弾《ばくだん》にかわって登場したのは、断末魔《だんまつま》の馬や、人間の目をした牡牛《おうし》だった。これはスペインならではの闘牛《とうぎゅう》のイメージである。さらに死んだ子どもを抱《だ》きかかえる女、あっと声を上げて覗《のぞ》き込《こ》む女の横顔、両手を上げて苦悶《くもん》する女、やっと這《は》いずってくるもう一人の女、手に折れた剣《けん》を握《にぎ》りしめて、仰向《あおむ》けに横たわる兵士、兵士には一輪《いちりん》の花が添《そ》えられ、ほかに傷《きず》ついた小鳥と、古風なランプ……。

なんとも奇妙《きみょう》な組み合わせで、ドギモを抜《ぬ》かれるのだが、それらのすべてが一体となって、現代《げんだい》戦争の不条理《ふじょうり》と残虐性《ざんぎゃくせい》を暴《あば》き、静かにレクイエムを奏《かな》でているかのようである。そして、女が差し出したランプの照明は、もしかすると、戦禍《せんか》に抗《こう》する自由の灯《ひ》か、希求される平和の灯なのか。

私はしばらくのあいだ、大作の前に立ちつくして、六十年ほども歴史をさかのぼった時点での、ピカソが訴《うった》えようとしたものを汲《く》みとろうとしたのだが、どうも今一つ心に迫《せま》るものが足りないもどかしさを感じた。それはなぜなのだろうと思いあぐねているうち、すぐ横にいた男女の声が気になった。

「こりゃスゲエ！　なにしろ継《つ》ぎ目《め》がないもんな」

「うまくできてるわよ。やっぱし日本の技術《ぎじゅつ》ね」

「ホイのホイで、なんでもできちゃうんだよ、いまは」

「コンパクトカメラだって、みんなパノラマ付きだもん」

「これだけ引《ひ》き伸《の》ばすのも、メカの威力《いりょく》だろうさ」

ドイツのコンドル軍団の無差別爆撃で破壊されたゲルニカの町

ゲルニカ爆撃の惨劇

笑ってしまってはいけないのだろうが、かれらが感嘆《かんたん》しているのは芸術作品としての「ゲルニカ」ではなくて、もっぱらその複製写真技術のほうなのだった。

写真に継ぎ目がないとは（あるのかもしれないが、わからないほどの精巧《せいこう》な出来栄《できば》えなのか）、よくぞ気づいたものだが、私はにわかに興《きょう》がそがれる思いで、その場を離《はな》れた。やはり、複製には限界《げんかい》があると思った。

それに、このピカソ展全体を通じて感じたことだが、会場の展示や解説《かいせつ》が「ピカソ—愛と苦悩」に焦点《しょうてん》が向けられていて、当時三人の女性《じょせい》をめぐって揺《ゆ》れ動いていたピカソの私生活《しせいかつ》に、少し深入りしすぎているようにも思われる。

作家の私生活は、当然ながら作品に反映《はんえい》されるから、それも一つの視点《してん》といえなくもないが、カメラのピントは一点に絞《しぼ》られれば他はぼける。スペイン戦争のさなか、ファシズムの嵐《あらし》の吹《ふ》き荒《あ》れる不穏《ふおん》な時代にあって、反戦・平和勢力《せいりょく》の人民戦線側についたピカソの、その社会的存在《そんざい》やヒューマンな心情《しんじょう》がやや希薄《きはく》になった感は否《いな》めない。大作「ゲルニカ」は、そうした社会的情勢《じょうせい》を抜きにしては、生まれなかったのではないのか。

などと思いを巡《めぐ》らしながら、参考までに会場内で、展覧会《てんらんかい》と同じタイトルのカタログを入手した。東武美術館と朝日新聞社発行によるもので、一部でもどしりと重い三四〇ページもの大冊《たいさつ》だった。

後半に、「ゲルニカ資料集《しりょうしゅう》」のページがある。帰宅《きたく》して興味深《きょうみぶか》くページを繰《く》っていったら、やはり展示そのものへの私の疑問《ぎもん》ではないけれど、「ゲルニカ爆撃の報道《ほうどう》と真実」の記述《きじゅつ》は、見開き二ページでしかなかった。それでも、ないよりはましである。前書きにはこう書いてある。

「ゲルニカ爆撃の真相をめぐっては、それから五八年を経《へ》た今日でも様々な議論《ぎろん》がある。当時の報道、または歴史家の主張《しゅちょう》もそれぞれのイデオロギーのもとで微妙《びみょう》なヴェールを被《かぶ》らざるをえない。しかも爆撃三日後の四月二九日、ゲルニカはフランコ軍の手に落ち、様々なデマが捏造《ねつぞう》された……」

そのあと、ゲルニカ爆撃を報《ほう》じた二つの新聞紙面写真版《しゃしんばん》と、三つの証言のさわりの部分が紹介《しょうかい》されている。その一つ、「アルベルト・デ・オナインディーア神父の証言〝ゲルニカ炎上《えんじょう》より〟」は、次のような内容《ないよう》だった。

「四月二六日の夕方、私はマルキーナに住む母と姉妹たちを救い出そうとして車を走らせていました。夕方五時少し前にゲルニカ郊外《こうがい》にさしかかりました。市《いち》の立つ日で、道は行《い》き交《か》う人びとで混雑《こんざつ》していました。突然《とつぜん》サイレンが鳴り、すぐに敵機《てっき》が上空に現《あらわ》れました。一機が街の上空を飛んで偵察《ていさつ》したあと、真上から街の中心に三個《こ》の爆弾を落下しました。直後に七機の編隊《へんたい》が現れ、六機編隊、五機編隊が次々と来るのが見えました。

各機とも、高度を二〇〇メートルぐらいに下げていました。私たちは森に逃《に》げこみましたが、機上からの機関銃攻撃《きかんじゅうこうげき》が迫ってきて、森のなかでは被弾《ひだん》した女、子供《こども》、老人が蝿《はえ》のようにばたばたと倒《たお》れ、いたるところに血溜《だま》りの池ができていました。……七時近く、爆撃はいったん止《や》みましたが、すぐに別の飛行編隊がやってきて、今度は高い所から焼夷弾《しょういだん》を投下しました。それでゲルニカは巨大《きょだい》な溶鉱炉《ようこうろ》と化してしまいました。……結局ゲルニカ爆撃は、合わせて二時間四五分も続いたのです」

（安發《あわ》和彰《かずあき》訳《やく》）

無差別爆撃はやがて東京へ

以上の引用からでも、ゲルニカ爆撃に関する最小限《さいしょうげん》の事柄《ことがら》を知ることができる。町がナチス・ドイツ軍機の集中爆撃にさらされたのは、一九三七年四月二六日で、人びとで賑《にぎ》わう市が立つ曜日であったこと。爆撃が開始されたのは夕方の五時頃で、敵機編隊は超低空《ちょうていくう》で連続波状《はじょう》的《てき》に襲《おそ》ってきたこと。最初が爆弾攻撃で、次に機銃掃射《きじゅうそうしゃ》をやり、さらに焼夷弾も投下したこと。爆撃は延《の》べ二時間四五分も続いて、町は「巨大な溶鉱炉」と化してしまったこと。さらにその三日後には、反乱《はんらん》勢力のフランコ軍に占領《せんりょう》されたから、惨禍《さんか》の究明は封《ふう》じ込《こ》まれ、逆《ぎゃく》にいろいろなデマが流《る》布《ふ》されたこと。

したがって、いまだにその真相は完全に解明《かいめい》されていないということである。

もう一つ、書庫を探《さが》してみたら、ヘルマン・ケステンの小説『ゲルニカの子供たち』（鈴木武樹《すずきたけじゅ》訳）があった。少年の目から見たゲルニカ爆撃が描かれている。その一部を引用させていただこう。

「あの日は月曜日でした。太陽はゲルニカのうえで、炎《ほのお》みたいに照っていました。日づけは四月二十六日でした。この日を忘《わす》れないでください」

「空では、雷《かみなり》みたいな音がしていました。飛行機です。爆弾をおとしながら、機銃掃射をしているのです。旋回《せんかい》したり、きゅうに方向を変えたりしていました。いく列かになって、のぼったり、おりたりしていました。煙《けむ》りのまっくろなのや、黄いろなのが。もうれつな熱さ。焔《ほのお》。大地がのたうちまわっていました。……ただ、ぼくは走ったのです。どうでしょう！　飛行機が、もう防空壕《ぼうくうごう》にもいたたまれなくなって逃げまどう人びとめがけて、機銃掃射をあびせているではありませんか。ゲルニカの教会のまえには広場がありました。羊の市場です。柵《さく》のうしろには羊たちが群《むら》がっていました。飛行機はこの羊たちにも機関銃のたまをあびせかけたんです。……そうして、燃《も》えている家々のなかから聞こえてきた、あのうめき声。そうして、どこを向いても死体ばかりで、イヌが、ネコが、家畜《かちく》が、男や女が、子供たちが、ぐったりとながくのびたり、うずくまったり、すわりこんだりして、みんな死んでいました」

緊迫《きんぱく》感のある記述である。爆撃編隊は町の上空を何度か旋回しながら、獲物《えもの》を狙《ねら》う鷹《たか》のように突如《とつじょ》急降下してきては爆弾を投下し、機銃弾《きじゅうだん》をめった撃《う》ちにし、市場の羊の群《むれ》までがやられたこと。羊ばかりか犬も猫《ねこ》も、そして男も女も子どもたちも、生きとし生けるものがすべて殺戮《さつりく》の対象にされたことが、よくわかる。

しかし、一般市民を対象にした無差別爆撃で、超低空からの機銃掃射にも驚《おどろ》いたが、すでにこの頃から焼夷弾が使われていたとは私も知らなかった。ドイツ空軍にとっては、最初の実戦テストケースであったにちがいない。

ゲルニカ爆撃から二年が経過《けいか》して、第二次世界大戦が勃発《ぼっぱつ》すると、ドイツ軍とアメリカ、イギリス軍とによる相手国への都市爆撃のやりとりは、ロンドン、ハンブルク、ドレスデンと、いくつもの大都市に火の雨を降《ふ》らせるたびごとに、ますます熾烈《しれつ》となっていく。目には目を歯には歯をのたとえではないが、連合軍もまた報復《ほうふく》の都市無差別爆撃になんの手加減《てかげん》も躊躇《ちゅうちょ》もなかった。そのたびごとに、より高性能《こうせいのう》な焼夷弾が開発されていったのである。

日本に対してはどうか。一九四四年の暮《くれ》から翌《よく》四五年にかけて、マリアナ基地《きち》を発進するB29を主力にしておこなわれた日本本土爆撃は、爆弾も一部使用されてはいるものの、大半が焼夷弾攻撃だった。

アメリカ軍が日本本土に投下した総重量《そうじゅうりょう》は一六万一四二五トンだったが、内訳《うちわけ》は警視庁《けいしちょう》資料《しりょう》によれば一万一六四二発の爆弾と、三八万八七四一発の焼夷弾だった。都市の人員殺傷《さつしょう》に重点をおく戦略《せんりゃく》爆撃に焼夷弾の効果《こうか》が絶大《ぜつだい》とされたのは、爆風《ばくふう》や破片《はへん》によって部分的被害《ひがい》を与《あた》える爆弾に対して、焼夷弾は火焔《かえん》を広範囲《こうはんい》に広げ、しかも長時間にわたる持続的破壊力《はかいりょく》をもたらすからといえるだろう。

東京大空襲は、後の原爆《げんばく》による惨禍を除《のぞ》けば、その被害規模《きぼ》を史上空前のものにした。一九四五年三月一〇日未明、隅田川《すみだがわ》を中心とする下町地域《ちいき》を目標にしたB29は約三〇〇機だったが、一六六五トンもの高性能焼夷弾を集中投下した。

折からの強風が、爆撃隊にとっては神の助けとなった。東京下町の長屋《ながや》式木造家屋《もくぞうかおく》は、火災《かさい》に対してはなんの抵抗力《ていこうりょく》もなかったといえる。風が火を呼《よ》び火が風を呼び、第一弾投下から半時間足らずのうちに、目標の地表は白熱状態《じょうたい》になった。

猛火《もうか》は不気味などどろきを発して、路上を走り、家屋を貫《つらぬ》き、運河《うんが》を渡《わた》り、逃げまどう人びとを情容赦《なさけようしゃ》なく大火災《だいかさい》の渦《うず》へ巻《ま》き込《こ》んでいった。わずか二時間余《よ》の空襲は、東京の歴史と運命を一変《いっぺん》させてしまったのである。罹災者《りさいしゃ》は一〇〇万人を超《こ》え、死者は推定《すいてい》一〇万人にもおよんだ。しかも、そのほとんどは、〝銃後《じゅうご》〟の守りについていたはずの母親や娘《むすめ》たち、年寄《としよ》りや、いたいけな子どもたちだったのである。

私は一二歳《さい》。火中にいて、どのようにして一命を取りとめたかは、多くの書物に書いてきたから、ここではぶくが、三月一〇日空襲の米軍の主目標は一般市民から戦意を喪失《そうしつ》させるのが狙《ねら》いで、庶《しょ》民層《みんそう》への大量殺戮にあったことは疑《うたが》いないと思っている。なぜかというなら、超低空で東京湾《とうきょうわん》上から侵入《しんにゅう》してきたB29が、真っ先に攻撃すべき大軍事産業、深川区豊洲《とよす》の石川島造船《ぞうせん》などは大した被害でもなかったからだ。

要するに、それは、かれらの眼中《がんちゅう》になかったということだろう。

しかし、一般市民を対象にした無差別爆撃の非《ひ》を責《せ》めるならば、それはマリアナ基地のB29爆撃機集団《しゅうだん》ばかりでなくて、いささか昭和史をさかのぼらなければなるまい。

では、そもそもの発端《ほったん》は、ナチス・ドイツ軍によるゲルニカ爆撃になるのだろうか。「大規模」という表現《ひょうげん》を慎重《しんちょう》に付け加えるなら異存《いぞん》はないけれど、実はその先鞭《せんべん》をつけたのは、ほかならぬ日本軍なのだった。

日本軍の錦州《きんしゅう》爆撃が先だった

ナチのゲルニカ爆撃より六年前、一九三一年九月に、日中戦争の最初の導火線《どうかせん》ともいうべき「満州事変《まんしゅうじへん》」が勃発《ぼっぱつ》した。

すべて日本軍の謀略《ぼうりゃく》であることが、こんにちではっきりしている。すなわち中国東北部の柳条湖《りゅうじょうこ》で、日本軍が満鉄（南満州鉄道）に爆薬《ばくやく》をしかけ、その小爆破事件《じけん》を中国軍のしわざであるとして戦火を開いたわけだが、ここに早くも日本軍による民間人を対象にした中国爆撃が開始されたのである。

同年一〇月、日本陸軍航空隊は八八式偵察機《ていさつき》を主力にして、遼寧省《りょうねいしょう》の錦州を爆撃した。一一機編隊が七五発の爆弾を投下した。目標とされた町に、中国側の東北防衛軍《ぼうえいぐん》張学良《ちょうがくりょう》の軍隊が集結していたのは事実だったが、投下弾の半分以上は兵営《へいえい》ではなく、市街地の病院や学校などに被弾《ひだん》し、市民を主に二四名からの死傷者《ししょうしゃ》を出したことで、国際《こくさい》的な批難が日本に集中したのだった。

錦州を振《ふ》り出しにして、日本機による中国諸都市《しょとし》への無差別爆撃はさらに頻度《ひんど》を増《ま》し、特に一九三七年七月、「支那《しな》事変」を契機《けいき》に日中全面戦争へ突入《とつにゅう》すると、国際批判《ひはん》もなんのその、もう歯止めはきかなくなった。

同じ年の四月二六日、ヨーロッパに目を移《うつ》せば、ゲルニカの町がナチス・ドイツ軍機によって壊滅させられたわけだが、無差別爆撃のバトンは、駅伝競走よろしく次はすぐ日本の手に渡る。

防共協定《ぼうきょうきょうてい》を結んでいた友国ドイツに負けてはならじとばかりに、日本陸海航空隊の無差別爆撃は猛《もう》ダッシュとなった。国民党《こくみんとう》政府の首都南京をはじめとして、上海《シャンハイ》、広東《カントン》（広州）、杭州《こうしゅう》、南昌《なんしょう》、広《こう》徳《とく》、揚州《ようしゅう》、九江《きゅうこう》、孝感《こうかん》などの諸都市を連続波状的に爆撃した。

一二月、日本軍はついに南京を占領、いわゆる南京大虐殺《だいぎゃくさつ》の蛮行に及《およ》んだが、国民党政府はいち早く武漢《ぶかん》へ逃《のが》れ、さらに四川《しせん》省奥地《おくち》の重慶《じゅうけい》へと移動《いどう》していた。

それを追って、今度は日本軍機による重慶爆撃の火ぶたが切って落とされる。抗戦《こうせん》の根拠地《こんきょち》をたたくには陸路水路も自然の障害《しょうがい》だらけで、唯一《ゆいいつ》の方法は空路しかなかったのだ。一九三九年から本格《ほんかく》的《てき》になる重慶無差別爆撃は一九四三年まで、およそ五年近くも連続しておこなわれたが、中国側の資料によれば、その被害統計《とうけい》は次のようになる。

日本機の空襲は二一八回、延べ九五一三機が来襲《らいしゅう》して、投下した爆弾は二万一五九三個、破壊《はかい》された家屋一万七六〇八棟《むね》、死亡者《しぼうしゃ》一万一八八九人、負傷者《ふしょうしゃ》一万四一〇〇人、死傷者合計は約二万六〇〇〇人になるが、ここには空襲下に市内の大防空洞《どう》で窒息死《ちっそくし》した「一万人近くの市民」がはぶかれ

日本軍による中国・重慶爆撃の犠牲者を運ぶ人たち

ているので、それを加えると、死傷者合計は三万人を超えることになろう。

「なにしろ、ひっきりなしの爆撃で、いったい何回やられたことか。何回やったら気がすむのか、と呪《のろ》いたくもなりました。おかげで、わしの家は何度もこわされては建てなおし、また建てなおしで、そのたびごとに貧乏になり、家族を抱《かか》えて路頭《ろとう》をさまよった日々を忘れられません。わしだけじゃなかった。重慶に住む人たちが、みんなひどく惨《みじ》めになっていったのです」

当時三十代だった体験者楊澤鈞《ようたくきん》氏は、やりきれぬ口調でそう語ったものだが、戦禍は人びとに果てしない傷痕《きずあと》を残すのを、私は現地《げんち》を調べて痛切《つうせつ》に知った。

体験者にとっての迫り来る老いは、体力も経済《けいざい》力《りょく》も先細りさせていくから、失ったものの大きさがことさら身にしみるように思われる。

カタルーニャ戦線を視察する
反乱軍のフランコ将軍

それでも、生き残った者は語り、あるいは書いて歴史の証言者《しょうげんしゃ》になることができるが、死者には語る術《すべ》はない。一家中が全滅《ぜんめつ》したようなケースは重慶にもあっただろうが、そのお返しともいうべき東京大空襲の犠牲者《ぎせいしゃ》推定一〇万人の相当部分を占《し》める。負傷者はもちろんのこと、死者数さえ推定としか言いようがなく、女性や子どもや老人がどのくらいの割合《わりあい》なのかの、性別《せいべつ》、年齢《ねんれい》別の数字は今日に至るも闇《やみ》に閉《と》ざされたままである。

では、ゲルニカ爆撃の場合はどうなのか。町の人びとは、どんな運命をたどったのだろう。東武美術館で見たピカソの「ゲルニカ」は、原寸大の写真でしかなかったが、複製でもあれだけの迫力があったとすれば、実物はどんなに凄《すご》いものなのか……などと思いを重ねているうち、私はにわかに意を決するものがあった。

そうだ、できるだけ早くスペイン行きを準備《じゅんび》しよう。「ゲルニカ」をこの目で見て、なにがなんでも、ピカソが思いを馳《は》せた戦禍の町まで行ってみるべし、と。

2　スペイン戦争と一人の日本人

崩《くず》れ落《お》ちる兵士のイメージ

とうとう、その日がやってきた。

思い立ったらなんとやらではないが、戦後五一年目の八・一五が過《す》ぎた翌日《よくじつ》、私《わたし》はこの日を待ちかねていたように、成田・東京国際《こくさい》空港からイベリア・スペイン航空の機上の人となった。

東京から、スペインまでの道のりは遠い。日本海を抜《ぬ》けてシベリアの大地を飛ぶこと一〇時間でモスクワへ。二時間ほどの給油と整備《せいび》のあと約四時間でバルセロナへ。また一息入れてマドリードへという具合で、飛行時間だけで軽く一五時間、行くだけでほとんど丸一日を費すことになる。

当初モスクワのあとは一路まっしぐらにマドリードへ飛ぶはずだった飛行機が、途中《とちゅう》でまたまた降《お》りると知って、私は急遽《きゅうきょ》予定を変え、今度の旅をバルセロナからスタートすることにした。

ピカソの「ゲルニカ」鑑賞《かんしょう》は少し後になるが、民族自治色の強いカタルーニャ地方のバルセロナも、ぜひ見ておきたい町だったからである。

八月もなかばを越《こ》えたとはいえ、まだ夏季シーズンとあって、機内の座席《ざせき》はほぼ埋《う》まっていたが、ほとんどが若《わか》い女性群《じょせいぐん》なのには驚《おどろ》いた。日本人にとっては、――といっても若い世代の目から見たスペインは、おそらく世界でも有数の観光王国なのにちがいない。

彼女《かのじょ》たちの関心事はなんだろう。まさか「ゲルニカ」だとは思えないから、はやりのグルメに土産《みやげ》物《もの》を除《のぞ》けば、闘牛《とうぎゅう》かフラメンコか、ガウディの幻想建築《げんそうけんちく》に、ドン・キホーテか、カルメンか、それとも……。

「シエスタの国ですよ」

旅行社の青年が口にしたひと言を思い出しながら、私は思わず苦笑《くしょう》した。

まさか、二〇時間もかけて、スペインまで昼寝《ひるね》をしに行く者はいないだろう。まあ、時間とお金のある人ならば、スペインの風土に溶《と》け込《こ》んでの、そんなのんびり旅も悪くはない。しかし、スペインと聞いて、私がとっさに思い描《えが》くイメージは、大作「ゲルニカ」よりも、むしろ一枚《いちまい》のモノクロ写真なのだった。

いつどこで何の写真集で見たのかは忘《わす》れたが、報道《ほうどう》写真家として世界的に知られるロバート・キャパが、スペイン戦争で撮影《さつえい》した一枚である。反乱軍《はんらんぐん》から狙撃《そげき》された人民戦線派《は》の若い兵士が、手からライフル銃《じゅう》をはね飛ばし、大きくのけぞって倒《たお》れるところ。決定的な一瞬《いっしゅん》をとらえた代表作は、たしか「崩れ落ちる兵士」としてあったと覚えているが、一九三六年九月、スペイン南部のコルドバ近くで撮《うつ》されたということだった。

いくらか傾斜《けいしゃ》のついた草むらを、彼《かれ》は歩いていたのか、それとも見張《みは》りについていたのか、白い半袖《はんそで》シャツに折目のないズボン。腰《こし》に弾帯《だんたい》をつけていたが、手にしたライフルはかなり旧式《きゅうしき》のものだった。がっちりとした胸幅《むねはば》に長い脚《あし》を持つ兵士は、まだまだ若い。彼の前には、無限大《むげんだい》の広い空と同じだけの前途《ぜんと》が開けていたことだろう。

ふいに銃声《じゅうせい》一発、あっと思った時には、彼の首と上体はがくんと仰向《あおむ》けになり、無限大の空は半回転して、次の瞬間《しゅんかん》もんどり打って草むらに倒れた。

どこの誰《だれ》やらわからないが、人民戦線派共和国政府《せいふ》をファシズムの侵略《しんりゃく》から防衛《ぼうえい》すべく、立ち上がった一人の若者《わかもの》の犠牲《ぎせい》が網膜《もうまく》の底にずっと焼き付けられている。

撮影者《さつえいしゃ》も命がけだ（キャパはインドシナ戦争報道中に死んだ）が、スペイン戦争の悲劇《ひげき》と惨禍《さんか》を象徴《しょうちょう》する一枚といえるだろう（注・現在、この写真は訓練中の誤射を写したものではないかという研究がある）。

それから六十年もの歳月《さいげつ》が風のように通《とお》り過《す》ぎて、おそらく彼の年齢《ねんれい》とあまり大差のないはずの日本の娘《むすめ》たちが、はなやいだ風をスペインの大地に運んでいく。スペイン戦争がどのようなものであったかなどには、ほとんど関心がないままに――。

もっとも、私もその一人でしかなかったわけだが、かわりに機内で読みたい参考資料《しりょう》をどっさり用意してきた。到着《とうちゃく》までの時間を学習に当てるとしよう。

スペイン戦争と独伊《どくい》の介入《かいにゅう》

スペイン戦争は、一九三六年七月、まだ成立したばかりの人民戦線派の共和国政府に対して、反動《はんどう》派の軍人たちがスペイン領《りょう》・北アフリカのモロッコで暴動《ぼうどう》を起こしたところから始まる。反乱《はんらん》はたちまちスペイン全土へ広がり、その指揮《しき》をとったのがフランシスコ・フランコ将軍《しょうぐん》だった。

これを「内戦」もしくは「内乱《ないらん》」「市民戦争」と呼称《こしょう》する例もあるが、スペイン国内に限《かぎ》っての紛《ふん》争《そう》ではない。ドイツとイタリアが反乱軍に肩入《かたい》れして、強力に武力《ぶりょく》介入した国際的《こくさいてき》な性格《せいかく》からみれば、やはり「戦争」というほうが妥当《だとう》かもしれない。

歴史に〝もし〟というたとえは意味がないが、もし反乱軍にドイツ・イタリアの公然たる軍事援助《えんじょ》がなかったとしたら、または共和国政府にイギリス・フランスが手を差しのべていたとしたら、その後の歴史はどう変わっていたことだろう。あるいは第二次世界大戦を阻止《そし》し得るほどの一大民主勢《せい》力《りょく》になっていたかとも思わせる。

一九三〇年代はファシズムの時代とされているが、その直接的《ちょくせつてき》な引き金になったのは第一次世界大戦による資本主義経済《しほんしゅぎけいざい》の深刻《しんこく》な疲弊《ひへい》と、爆発的《ばくはつてき》な大破綻《はたん》ともいうべき二九年の世界経済恐慌《きょうこう》だった。

第一次大戦に敗れたドイツは、天文学的な賠償金《ばいしょうきん》の負担《ふたん》にあえぎながら、経済危機《きき》を乗り切ろうと紙幣《しへい》を増乱発《ぞうらんぱつ》したため、激《はげ》しいインフレを招《まね》き、三一年から翌年《よくねん》冬にかけて完全失業者は六〇〇万人にも達した。一日のうち短時間しか働けないパート、アルバイトまで含《ふく》めれば、全労働者のうちの半数がかつてない窮乏《きゅうぼう》生活に追《お》い込《こ》まれたのである。この状況《じょうきょう》を逆手《さかて》にとって、「反資本主義、反ユダヤ主義、反共産主義」の三反主義を掲《かか》げたヒトラーのナチズムが急速に台頭する。

ドイツ国民を一時的にも幻惑《げんわく》することに成功したナチスは、三三年一月にヒトラーを首相《しゅしょう》の座《ざ》に押《お》し上げ、国家権力《けんりょく》を背景《はいけい》に途方《とほう》もないエネルギーで、暴力的《ぼうりょくてき》・専制的《せんせいてき》なファッショの道を驀進《ばくしん》した。

同じ年、日本へ目を移《うつ》せば、日本軍国主義がまるで競《きそ》い合うように肩《かた》を並《なら》べていた。すでに二年ほど前に日本軍がしかけた「満州事変《まんしゅうじへん》」は日中戦争の幕開《まくあ》けとなり、翌年の傀儡政権《かいらいせいけん》「満州国」をステップにして、ドイツと同様に対内的には人権《じんけん》と民主主義を徹底弾圧《てっていだんあつ》しながら、対外的には侵略戦争の火つけ役になっていく。

東西にまたがるファシズムに、やや遅《おく》れをとったのがムッソリーニのイタリアだった。三五年一〇月、イタリア軍は国境《こっきょう》を接《せっ》していたエチオピアへ侵攻《しんこう》を開始し、エチオピア戦争の火ぶたが切られた。毒ガスまで使用されたが、国際連盟《れんめい》をはじめイギリスもフランスも弱腰《よわごし》だった。

両国とも、鼻息荒《あら》いヒトラーとの摩擦《まさつ》を極力避《さ》けようとしたのである。

こうしたファシズムの脅威《きょうい》と、迫《せま》りくる戦争の危機を敏感《びんかん》に反映《はんえい》して、スペインでは一九三六年二月の総選挙《そうせんきょ》で社会党《とう》、共和党などの人民戦線派が勝利し、合法的に共和制《せい》の政府が誕生《たんじょう》した。それまでの王制に対する批判《ひはん》と、燃《も》え上がる労働運動に社会主義への志向《しこう》が結びつき、さらにまたバスク、カタルーニャなどの民族自治主義が加わって、多数を獲得《かくとく》したのだった。

共和国政府は社会主義のスローガンを掲《かか》げたわけではなく、むしろ民主的な市民革命《かくめい》を経《へ》て、これまでの封建的《ほうけんてき》な大地主制度や、横暴《おうぼう》をきわめた教会勢力の削減《さくげん》などを当面の課題とした。が、残されていた唯一《ゆいいつ》の植民地であるモロッコを解放《かいほう》することはしなかった。それが裏目《うらめ》に出て、フランコ派反乱軍の蜂起基地《ほうききち》になってしまう。

ごくゆるやかなはずだった民主的改革《かいかく》も、軍部や大地主、教会などの支配層《しはいそう》・保守派《ほしゅは》にとっては、許《ゆる》しがたい「アカ」の策略《さくりゃく》と受けとめられたのだろう。七月一七日、はやくも共和国政府の転覆《てんぷく》を目指した軍事クーデターが、モロッコで発生したのだった。

「ノー・パサラン！」の合言葉

ところが、モロッコ人部隊を取り込んだ反乱軍がスペイン本土に侵攻するためには、ジブラルタル海峡《かいきょう》を渡《わた》らなければならない。わずか幅《はば》二〇キロほどの海峡だったが、それができなかった。反乱軍側は、本土でも陸軍の大半を獲得していたが、空軍と海軍はごく一部でしかなかったからである。

反乱軍はマドリード、バルセロナなど主要都市でも一斉蜂起《いっせいほうき》したが、すぐさま人民戦線に鎮圧《ちんあつ》された。おまけにモロッコからの本土上陸計画は足止めをくらったままで、ピンチに追い詰《つ》められたフランコ将軍は、ドイツ、イタリアに緊急支援《きんきゅうしえん》を要請《ようせい》した。

「共産主義からスペインを救わなければ、ヨーロッパ全体が赤化する」

と、訴《うった》えたのだった。

　当初からスペインの重要鉱業《こうぎょう》資源《しげん》に目をつけていたヒトラーと、地中海にまで軍事的勢力圏《せいりょくけん》を広げたかったムッソリーニは、反共反ソで歩調を合わせ、火中の栗《くり》を拾うべく同時に手を伸《の》ばした。空・海軍の援助はもとより、戦車を含む大量の武器弾薬《ぶきだんやく》・軍需物資《ぐんじゅぶっし》をフランコ軍へ送り込む。

　その総量《そうりょう》は明らかではないが、イタリアからは飛行機七六〇機、爆弾《ばくだん》一七〇〇トン、大砲《たいほう》一九〇〇門に兵員約五万人という説もある。ドイツは約一〇〇〇機の爆撃機《ばくげきき》に兵力は約一万人ぐらいとされているが、これが事実だとしたら両国ともにたいへんな軍事援助である。

　八月のはじめ、外人部隊を加えた反乱軍大部隊は、支援輸送機《ゆそうき》でついにモロッコからスペイン本土へ上陸し、なだれのような勢《いきお》いで首都マドリードへと迫った。戦局は一変して、反乱軍側の大攻勢《だいこうせい》となったのだった。

　このような緊迫《きんぱく》した情勢《じょうせい》に、友国のはずだったフランスの人民戦線政府をはじめとして、イギリス政府もまた不干渉政策《かんしょうせいさく》をとった。複雑《ふくざつ》な国内事情《じじょう》はあったものの、一国だけではゴジラのように獰猛《どうもう》なファシズムに太刀打《たちう》ちできなかった両国は、うかつに軍事介入をすれば大国間の戦争になることを恐《おそ》れたのである。これにアメリカも足並《あしなみ》を揃《そろ》えることになる。

　一〇月になってから、ようやく重い腰を上げて、援助に踏《ふ》みきったのはソ連だった。もうその時点では、本土の三分の二ほどがフランコ軍の手に落ちていた。ソ連の援助はかなり遅《おそ》かったといえるだろう。しかし、ここまでくると、国際的な色分けは鮮明《せんめい》になった。すなわち反乱戦開始からいちはやくフランコ軍に加担《かたん》したドイツ、イタリアと、それに対抗《たいこう》して共和国政府を支援するソ連との構図《こうず》である。人びとの目にはファシズム対人民戦線（民主主義）との緊迫した対立関係として映《うつ》ることになった。

いまや共和国政府に、一大危機が迫っている。民主主義の灯《ひ》を守るには、暗黒のファシズムを阻止し、反乱軍の侵攻をくい止めなければ……。共和国政府を守れ、スペイン人民を見殺しにするな、の声は声を呼《よ》び交《か》い、主として欧米《おうべい》各国から多くの若者たちが義勇軍《ぎゆうぐん》に志願《しがん》し、スペインの戦場へと駆《か》けつけた。これを国際旅団《りょだん》または国際義勇軍という。

「ノー・パサラン（奴《やつ》らを通すな）!!」

とは、スペイン共産党女性幹部《かんぶ》ドロレス・イバルリの呼びかけだったが、それが反ファシズムの合言葉となる。

「奴らを通すな！」「マドリードを奴らの墓場《はかば》に！」と、共和国の防衛・支援に自主的に立ち上がった若者たちは、パリ・コミューンの革命歌「インターナショナル」そのもので、国際色《こくさいしょく》もはなやかに、フランス、イギリス、ベルギー、アメリカなどおよそ五十カ国の約四万人とされている。そのほかにも、二万人を超《こ》える医療《いりょう》・教育関係者がいた。

また作家でも、フランスからアンドレ・マルローが、アメリカからはヘミングウェーが、またイギリスからジョージ・オーウェルが、国際義勇軍の一翼《いちよく》を担《にな》って戦場へと向かった。かれらはそれぞれ『希望』『誰《た》がために鐘《かね》は鳴る』『カタロニア讃歌《さんか》』などの忘れがたい作品を世に残したが、たった一

ジャック・白井（前列左）と国際義勇軍の仲間たち

人の日本人がスペインの戦場へ飛び込み、ロバート・キャパのあの写真さながらに死んだのを知っている人は、そう多くはない。

日本人ジャック白井《しらい》のこと

犬も歩けば棒《ぼう》に当たるのたとえではないが、スペイン関係の資料に関心を持つうち、思わぬ発見もあるものだ。

『スペインで戦った日本人』

そんなタイトルの一冊《さつ》を見つけたのである。著者《ちょしゃ》は戦争中アメリカで過ごした女性評論家《ひょうろんか》の石垣綾子《いしがきあやこ》だが、スペイン戦争に参加して死んだ友人、ジャック白井のことを書いている。

「へえっ、そんな日本人もいたのか……」

と、私は一声を上げたくなった。

日本人白井については、『スペイン国際旅団の青春』（川《かわ》成洋《なりよう》著）にも紹介《しょうかい》されているが、白井が戦死した場所や日取りは確定《かくてい》できるものの、彼の生涯《しょうがい》や生《お》いたちは不明な部分が多い。

記録めいたものは何一つ残さなかったし、それに北海道生まれの彼は、幼《おさな》いうちに両親に捨《す》てられた孤児《こじ》だったという。その孤独《こどく》な日陰《ひかげ》の生いたちが、人間として生きるよりどころを、たたかうスペイン労働者との熱い連帯に求めたのかもしれない。

白井はニューヨークでコックをしていたが、反戦グループに参加しているうち、スペイン戦争の性格と現状《げんじよう》を知り、沈黙《ちんもく》は容認《ようにん》になると悩《なや》んでいたのであろう。そのひたむきな人柄《ひとがら》を見込まれて、アメリカ共産党から国際義勇軍への参加を呼びかけられたのだった。

「当時アメリカの世論《よろん》は、圧倒的《あつとうてき》にたたかうスペイン民衆《みんしゆう》の支持者《しじしや》だった」

と、石垣綾子は書いている。

たとえば、『ニューヨーク・タイムス』紙の世論調査《ちようさ》では、七六パーセントが人民戦線の共和国支持で、ヘミングウェーなど九八名の作家がフランコ反対を表明していた。ユダヤ人の多かった都市だから、ナチスへの恐怖《きようふ》は本能的《ほんのうてき》なものといってよく、その本質《ほんしつ》を見きわめるのも早かったのだろう。ナチ抗議《こうぎ》の街頭デモが毎週ごとにおこなわれていたという。

反乱が起きた一九三六年の秋、白井は自ら国際義勇軍を志願して、翌年一月、アメリカ人義勇軍リンカーン大隊の一員となり、スペインの大地を踏んだ。役職《やくしよく》は炊事兵《すいじ》だったが、いざとなれば銃を手にして戦闘《せんとう》に参加できる。駐屯《ちゆうとん》基地で不慣《ふな》れな戦闘訓練に励《はげ》むうち、四月の終わりに、ゲルニカの町がドイツ軍の猛爆撃《もうばくげき》で壊滅《かいめつ》させられた情報《じようほう》も耳にしたことだろう。ドイツ、イタリアの支援を得た反乱軍は、日増《ひま》しに圧倒的な勢いでマドリードへ迫っていた。国際義勇軍は、マドリード戦線で首都を死守する任務《にんむ》を担った。

といっても、首都の西二五キロ地点のブルネテの塹壕《ざんごう》にいた白井たちには、錆《さ》びついたような時代物のライフルぐらいしかなかった。弾丸《だんがん》も食糧《しょくりょう》もカスカスだった。軍服もなく、作業服に破《やぶ》れ靴《ぐつ》姿《すがた》で、男も女も、死んだ者の銃を取って戦った。

七月一一日午後五時、飛び交《か》う銃弾《じゅうだん》の下で塹壕から飛び出した白井は、敵《てき》の機関銃弾の一斉掃射《そうしゃ》を浴びて倒れた。狙《ねら》い撃《う》ちされていた食糧車を動かそうとしたのが、命取りになったのだった。

彼は最後まで、戦友の食事を気にしていたのだろうか。べらんめえの英語でよく人を笑わせ、みんなから愛されていたという。三七歳《さい》の生涯だった。

「栄光のひとかけらを得ることもなく、つつましく生きたようにつつましく死んだ」と、石垣綾子は前掲《ぜんけい》書に記したが、その冒頭《ぼうとう》の一ページには、カール・ジンジャーの詩「同志《どうし》白井に捧《ささ》げる」が掲載《けいさい》されている。

君は正義《せいぎ》のために戦った
飢《う》えと渇《かわ》きの苦しみに
地球はひきさかれている
君は緑の大地を

『オリーブの墓標』などで、ジャック・白井を紹介した作家の石垣綾子さんと画家の栄太郎夫妻

元気に手を上げる共和国政府側の子どもたち

自由に輝《かがや》きわたる大地を
ぼくらのものとするために
銃をつかみ　肩にかつぎ　塹壕を行進した
君は死んだのではない
限りない光りにみちた丘《おか》をめざして
君は空にむかって瞳《ひとみ》をあげ
くちびるを開き
誓《ちか》いの言葉を語りつづけている
………

疎開《そかい》したバスクの子どもたち

スペイン戦争における白井の悲壮《ひそう》な戦死は、あのロバート・キャパが撮《うつ》した「崩れ落ちる兵士」の姿とダブって仕方ないのだが、私にはもう一つのイメージと重なり合うのを抑《おさ》えることができない。ピカソの大作「ゲルニカ」である。

白井がブルネテ戦線で息を引きとる四日前に、蘆溝橋《ろこうきょう》の銃声から日中全面戦争の火ぶたが切られ、一カ月ほど前にピカソはパリのアトリエで、迫りくるファシズムに警鐘《けいしょう》を打ち鳴らすように「ゲルニカ」を完成させた。

世紀の大作に登場する男はただ一人、中央部に折れた剣《けん》を握《にぎ》りしめて仰向けに倒れている戦士だが、ピカソが日本人白井を知っていたはずはないので、それは狂暴《きょうぼう》なファシズムとたたかって倒れた男たちを象徴しているものと考えられる。いや、たたかって死んだ女たちもいたから、戦士のすべてを含めたものとも受けとれよう。

そしてピカソは、死んだ戦士たちに、一輪の花を添《そ》えるのを忘れなかった。

「栄光のひとかけらを得ることもなく」と、石垣女史は親交のあった白井について書いたけれど、「ゲルニカ」をよくよく見れば、あながちそうとばかりも言えないのではないだろうか。

しかし、「ゲルニカ」には、一人の戦士のほかに四人の女たちが、それぞれ激しい苦悶《くもん》や驚愕《きょうがく》の表情《ひょうじょう》で登場しているものの、なぜか不思議なことに子どもたちははぶかれている。画面の左側に顔をのけぞらせた女が腕《うで》に抱《かか》えているのは、子どもというよりも幼児《ようじ》であり、赤子《あかご》のようにも見える。

では、ドイツ軍の猛爆撃《ばくげき》にさらされたゲルニカの町で、かろうじて生きのびた子どもたちは、その後、どのような道をたどったのだろう。

東京大空襲《だいくうしゅう》下に一二歳だった私は、同じ年頃《としごろ》の子どもたちが気になって仕方ない。何故《なぜ》なら、かれらも女性や老人とともに、非戦闘員《ひせんとういん》のはずの小さな弱者だからである。

それにしてもゲルニカは、スペインのどのあたりにあるのか。

地図にもめったに出ていないが、よく調べてみると、北部の国境に近いバスク地方だ。ピレネー山脈のふもとで、ビスケー湾《わん》にも近い。独自《どくじ》の言語と文化をもつバスク人は、旧石器《きゅうせっき》時代のクロマニヨン人の子孫という説もある。カタルーニャと並んで、民族主義運動の盛《さか》んな地域《ちいき》である。

スペイン戦争が勃発《ぼっぱつ》すると、バスクは共和国政府を支持して反乱軍と戦うことになり、政府から自治を認《みと》められて、バスク自治政府が発足《ほっそく》した。初代大統領《だいとうりょう》に選ばれたのは、ホセ・アントニオ・アギーレだった。アギーレは、それまでのバスクの習慣《しゅうかん》に倣《なら》って、バスク独立《どくりつ》の象徴とされるゲルニカの樫《かし》の木の下で宣誓式《せんせいしき》をあげた。バスク人は古来から大木の下に集まり、民主的な話し合いによる合議制《ごうぎせい》を守ってきたのである。

しかし、反乱軍は刻一刻《こくいっこく》と肉薄《にくはく》していた。首都マドリードの防衛線で前進を阻《はば》まれたかれらは、フランコ将軍を中心にがっちりと態勢《たいせい》を固め、急遽作戦変えして、バスクの工業都市ビルバオを含む北部攻略《こうりゃく》に乗り出したのだった。

ドイツ軍によるゲルニカ爆撃は一九三七年四月二六日のことだったが、爆撃の惨禍を知ったアギーレ大統領は、さらに激化《げきか》する不測《ふそく》の事態《じたい》に備《そな》えて、ただちにバスク児童の疎開に踏みきった。

いわば学童疎開だが、日本の場合とどこがどう違《ちが》うのだろうか。

太平洋戦争末期の日本政府は、B29による空襲《くうしゅう》必至《ひっし》とみて、一九四四年夏から、国民学校初等科（小学校）三～六年の児童を近郊《きんこう》の農村や地方都市へ移動《いどう》させたのは知られている。一部に縁故《えんこ》先をたよっていく例もあったが、ほとんどが集団《しゅうだん》疎開だった。疎開先での栄養不良やいじめなどの思い出を残す者が少なくないものの、それでも国内だから、言葉に不自由はしなかったし、たまには親と面会することもできた。

バスクの子どもたちを受け入れたのは、ヨーロッパ諸国《しょこく》の民衆である。フランス、イギリス政府の不干渉政策にもかかわらず、苦戦を強《し》いられる共和国政府に同情的《どうじょうてき》だった民間の諸団体《しょだんたい》や労働組合、教会、そして個人《こじん》が自発的に手を差しのべたという。フランス、イギリス、ベルギー、スイス、メキシコ、ソ連、デンマークなどで、受け入れた子どもの数は約三万人とされている。

疎開したバスクの子、ルイス・デ・カストレサナは当時一一歳だったが、後にその体験を元にして小説『ゲルニカのもう一本の木』（狩野美智子《かのうみちこ》訳《やく》）を書いた。

同書によれば、ベルメオの港まで、子どもたちを迎《むか》えにきたのはイギリス船だった。しかし、これが永遠《えいえん》の別れになるかもしれず、親も子もみんな涙《なみだ》ながらに別れを惜《お》しむ光景が痛《いた》ましい。あちらこちらで、涙ながらの声が重なり合う。

「『毎日手紙を書いてね……そうね、少なくとも一週間に一度は書いてよ』、『パパ、行きたくないよ。家にいたいよ』、『わかってる、私もお前をやりたくない。でも、ここには食物もろくにないし、空襲はますます激しくなるし、お前にも万一のことがあるかもしれない。それに私も前線に行かなければならない。だからね、お前、行くよりしかたがないんだよ』、『わかった、パパ、でも……』」

主人公はまずフランスのオルロン島に着いたあと、ベルギーの家庭へと引き取られていく。もちろん集団疎開でも縁故疎開でもなく、見ず知らずの外国人宅《たく》へである。

日本の場合だと、疎開先の劣悪《れつあく》な条件《じょうけん》から、脱走《だっそう》したり、鉄道線路伝いにわが家を目指した子もいないではないが、バスクの児童にはそれは望むべくもない。しかも、かれらが口にしていた言語は、あいにくとどこの国にも通じなかった。

自分たちがバスク人だという誇《ほこ》りを持てば持つほどに、日常《にちじょう》生活は支障《ししょう》をきたし、人間関係もぎくしゃくしたことだろう。もし仮《かり》に病気になっても、いじめがあったとしても、そこは遠い異国《いこく》の地だった。もちろん駆けつけてくれる親はいない。重い病気で、パパ、ママと呼びながら息を引き取った子どももいる。

そして、一体どれだけの子どもたちが、親や兄妹《きょうだい》たちと再会《さいかい》できたのだろうか。元通り家族との団《だん》らんを得た子どもは、非常《ひじょう》に少数だったのではないかと、私には思えてならない。

なぜか。かれらが祖国《そこく》を後にして二年目の春に、フランコ軍はついにマドリードを占領《せんりょう》し、スペイン戦争は人民戦線の悲劇的《ひげきてき》な敗北で終わった。それからはフランコ独裁《どくさい》政権が三十年余《よ》も続くことになるが、スペイン戦争終了《しゅうりょう》から半年後に、今度はドイツ軍のポーランド侵攻から第二次世界大戦の火ぶたが切られている。

子どもらの疎開地は戦火にまみれ、帰るべき故郷《こきょう》にはもはや地方自治も民主主義もなく、人民戦線に参加した男たちの大半は殺されていたのだった。

ピカソならずとも、死んだ戦士たちに、一輪の花を添えたくなるではないか。

3　バルセロナからセビリアへ

当時バルセロナの町は……

夜遅《よるおそ》く、バルセロナ・プラット空港着。

「はるばる来たぜ函館《はこだて》へ」という歌ではないが、はるばる来たぜスペインへ……という実感がぐっと胸《むね》にこみ上げてきた。

ヨーロッパの首都は、ほとんど東京から直行便で行けるのに、イベリア・スペイン航空の場合はモスクワ経由《けいゆ》だから、その分が回り道となり、飛行時間もまたまた長くなる。

さすがに疲《つか》れた。機内でビールでも飲んで寝《ね》ていればよかったのだが、ついついスペイン戦争の本を読み出したらやめられなくなってしまって、赤線を引きながら何冊《なんさつ》読んだことだろう。いささか目がかすみ、足もとがふらつく。

空港から市内へ一〇キロ余《あま》り。車窓《しやそう》に広がる夜景を見るともなく見ているうち、少しは眠《ねむ》くなるかと思ったら妙《みよう》に頭が冴《さ》えてしまい、現在《げんざい》の交通事情《じじよう》とは比《くら》べようもない時代に、はるばるこの町にやってきたジョージ・オーウェルの『カタロニア讃歌《さんか》』（橋口稔訳《はしぐちみのるやく》）を思い出していた。ジャーナリストだった彼《かれ》は、ある新聞にスペイン戦争の特派《とくは》記事を書くべく、イギリスから来たのである。その年は一九三六年一二月下旬《げじゅん》、したがってちょうど六〇年の歴史を逆戻《ぎゃくもど》りすることになる。すでに三カ月前から、スペイン戦争の火ぶたは切られていたが、彼の目に映《うつ》ったバルセロナは、一種異様《いよう》な活気に満ちていた。

「労働者階級が権力《けんりょく》を握《にぎ》っている町に来たのは、ぼくにはこれが初めてだった。ほとんどすべてのビルディングが、労働者によって占拠《せんきょ》され、その窓《まど》からは赤旗が、アナーキストの赤と黒の旗が垂《た》れていた。……大通りでは、一日中、夜おそくなっても、ラウドスピーカーから革命《かくめい》歌ががなり立てていた」

道を行《い》き交《か》う人びとは「セニョール」や「ドン」の挨拶《あいさつ》がわりに、「同志《どうし》」「きみ」と呼《よ》び合っている。すでにパンの行列は、何百ヤードの長さになっていたが、人びとは人民戦線政府《せいふ》に共鳴しつつ、革命近しと未来への希望を持っていた。

「思いがけず平等と自由の時代に、生きる喜びがあった」

と、ときめくような心境《しんきょう》を伝えている。

オーウェルは若《わか》さの情熱《じょうねつ》のおもむくまま、本業もそっちのけで義勇軍《ぎゆうぐん》に参加してしまうが、まもなく人民戦線内部の深刻《しんこく》な矛盾《むじゅん》と亀裂《きれつ》に巻《ま》き込《こ》まれる。

それはひとことでいえば、スターリン主義者《しゅぎしゃ》とそうでない者との対立関係だった。反乱軍《はんらんぐん》はフラン

共和国側の民兵

コ将軍《しょうぐん》を中心に統一《とういつ》した指導体制《しどうたいせい》だったのに、人民戦線の共和国側の足並《あしなみ》は実はバラバラだったのだ。スターリンの粛清《しゅくせい》がここにも持ち込まれたのである。絶望《ぜつぼう》したオーウェルは、頸部《けいぶ》に敵弾《てきだん》を受けたこともあって、負傷《ふしょう》した身体で帰国する。

にもかかわらず、彼はスペイン人民と共にファシストと戦った「国際旅団《こくさいりょだん》」の一員だったことに、青春の輝《かがや》きと誇《ほこ》りを忘《わす》れなかったのだろう。そのカタルーニャ従軍《じゅうぐん》戦記に、あえて「讃歌」の二字をつけたのだが、戦争がまだ終わらぬうちに刊行《かんこう》された同書は不遇《ふぐう》だった。一九五〇年に彼が死ぬまで、わずか九〇〇部しか売れなかったという。

しかし、その作品によって、作者と同じときめきにあずかりながら、バルセロナにやってきた読者もいるのだよ、と私《わたし》は一声をつぶやきたくなる。

教会前の処刑《しょけい》地跡《あと》へ

翌朝《よくあさ》、市内観光の前に、まずはスペイン戦争の跡地《あとち》を見に行くことにした。案内役は、パリから一足先に来ていた親しいカメラマンのY氏である。

かなりの長身で独特《どくとく》のひげをのばしたY氏は、ヨーロッパの各国語に通じている。ポケットだらけのベストによれよれのズボンと、日本人離《ばな》れした風貌《ふうぼう》で、それこそスペイン人にぴたりである。こちらでは日本人＝金持ちと見られているので狙《ねら》われやすいということだが、ひげのY氏と一緒《いっしょ》ならまずその心配はなさそうだった。

「知り合いに聞いてみたんですがね、跡地といっても、それらしいものは市内に一カ所だけだそうです。国際義勇軍の処刑されたところで、教会前の小さな広場。ほら、ここですよ」

と、手にしていた市内地図を広げてみせる。旧市街地《きゅうしがいち》の中心部に矢印がつけてある。もちろんガイドブックなどには出ていないから、あらかじめ調べておいてくれたのだろう。

「とにかく行ってみましょう。犬も歩けばなんとやらではないけれど」

まばゆいような日差しの大通りへ出た。日陰《ひかげ》を選んで歩くこと数分、うまい具合に角地にタクシーが二、三台並《なら》んでいる。くわえ煙草《たばこ》で立ち話をしている運転手に、Y氏が地図を見せると「セルカ、セルカ」と連発して、しきりと首を振《ふ》る。

「セルカって、なんですか？」

「近いってことですよ。歩いていけ、とね」

などとやりとりしているうち、通りすがりの恰幅《かっぷく》のいい男が横合いからひょいと地図を覗《のぞ》き込んで、行く道が同じだから私が案内すると言ってくれた。

どんなに近くても走れば基本《きほん》料金だろうに、あまり走りたくなさそうなタクシーの一方で、親切な男もいるものだと感心して応《おう》じた。白髪《しらが》の男は歩きながら、どこから来たかと聞き、私たちが日本人だと知ると、さもありなんと大きくうなずいた。

彼は処刑場《しょけいじょう》跡地に行くとは、と驚《おどろ》きの声を上げたあと、車道のやや薄《うす》れかけた青い一本線に人差し指を向けて、四年前のオリンピックで、アリモリが走った道だという。女子マラソンの有森裕子《ゆうこ》選手を知っているのに、私は急に親近感を覚えた。

「ずっと、こちらにお住まいですか」

「そう。フランコ政権《せいけん》の独裁《どくさい》時代、この町は陸の孤島《ことう》と同じでね。独自《どくじ》のカタルーニャ語はもちろんのこと、ありとあらゆる文化が禁《きん》じられて、経済的《けいざいてき》にもひどい格差《かくさ》をつけられたもんだ。まるで息を殺して生きているような具合でね。二度と思い出したくはないが、スペイン戦争に関心を持つ日本人に会えたのは、これが初めてだよ」

などという意味のことを、歩きながら声高《こわだか》に語った。

六十年配かと思えたが、あるいはスペイン戦争の貴重《きちょう》な体験者かもしれない。のっけからいい人に会えた、と思わず身を乗り出すに、男はふと足をとめた。

「ちょっと、お茶でもどうか。ここが私の店だから、特別に安くしておく」

と、小さな店のドアを押《お》して、室内へ入った。革製品《かわせいひん》店らしく、高級な革《かわ》ジャンパーなどがずらっと並んでいる。あまり人相のよくない店員が何人かいるのに、あわてて、

「失礼、先を急ぎますので！」

一目散に逃《に》げてきたが、しばらく行ったところで苦笑いしてしまった。私たちはいいカモと見られたらしい。ひげのＹ氏がいても油断《ゆだん》は禁物《きんもつ》で、おかげでとんだ回り道をさせられてしまった。

傷痕《きずあと》はまだまだ深く

処刑場跡地の第一目標は、旧市街《きゅうしがい》ゴシック地区のカテドラルだった。

一三世紀から一五世紀にかけて作られたという大寺院は、正に古色蒼然《こしょくそうぜん》たる佇《たたず》まいである。その広場前の賑《にぎ》やかな通りから、地図をたよりに横丁へと折れていく。石畳《いしだたみ》の狭《せま》い道は迷路《めいろ》にもにて、妙に入り組んでいる。ふと見つけた路地を少し行った先に、思いがけずいわくありげな小広場があった。どうやら目的地にたどりついたらしい。

広場はほぼ円型になっていて、中央部の噴水《ふんすい》の傍《そば》にアカシヤの大木が二本屹立《きつりつ》し、その陰《かげ》にホームレスが寝そべっていた。少し離《はな》れた道のきわに一組のカップルがぴたりと抱《だ》き合っていたが、私たちを見るとすぐに立ち去った。袋小路《ふくろこうじ》ではないが、めったに人の来るところではなさそうだ。

周囲は古風な石造《いしづく》りの建物で、役立たずの噴水と向かい合った正面が教会の入口らしく、おごそかに建つ神父像《ぞう》の下に左右二枚《まい》の堅固《けんご》な鉄扉《てっとびら》がある。SANT ELIP NERI の標示《ひょうじ》が出ていたが、教会の名前だろうか。

その鉄扉の両サイドの石壁《いしかべ》に、目が吸《す》いついた。すさまじいばかりの弾痕《だんこん》で、壁面《へきめん》はほとんど原型

バルセロナ旧市街のカテドラル（大聖堂）の近くにある、
フランコ側が処刑場にした教会の弾痕壁前に立つ作者

をとどめていなかった。処刑場というよりも、激《はげ》しい銃撃戦《じゅうげきせん》がおこなわれたのではないか。あるいは何人かを壁ぎわに追い詰《つ》めて、一斉射撃《いっせいしゃげき》をしたのかもしれない。それが連日のように繰《く》り返《かえ》されたとも考えられる。

この場所での実態《じったい》を誰《だれ》かに聞きたかったが、あいにくと人影《ひとかげ》らしいものは皆無《かいむ》だった。まさかホームレスを起こして聞くのもはばかられる。

「一体何人くらいが処刑されたんでしょうね、全体として」

Y氏に、そんな問いかけをしてみた。

「当時のスペインの人口は、およそ二五〇〇万人くらいとされています。うち一〇〇万人が死んだとか。でも、戦場での戦死者はそう多くはないみたいですね」

「ほとんどは処刑？」

「ええ、共和国側もやったけれど、フランコ側とは比べようもないんですね」

「ああ、そうそう。特にマドリードが落ちてからの報復《ほうふく》処刑はすごかったらしい。フランコの法廷《ほうてい》は月に一〇〇〇人ずつも死刑《しけい》にしたとか……」

「おや、くわしいですね」

「にわか仕込《じこ》みで、読んできましたからね。約二〇〇万人もの人が獄《ごく》か強制収容所《きょうせいしゅうようじょ》にぶち込まれ、そりゃもうめちゃくちゃだった、と出ている」

「さっきのおっさんも言ってましたね。二度と思い出したくもない、と」

「ふむ。彼氏《かれし》に聞けば、この場所のいわれを知ってたかもしれないな」

私は舌打《したう》ちしたが、もはやかなわぬ後の祭りだった。一九三九年三月、共和国政府軍《せいふぐん》が敗北したあとのフランコ独裁政権は、スペイン人民に恐《おそ》るべき報復と弾圧《だんあつ》をくわえたのだった。

ヒトラー、ムッソリーニの独裁が崩壊《ほうかい》したあとも、一党《いっとう》独裁の全体主義的恐怖政治《しゅぎてききょうふせいじ》は黒雲のようにスペインを覆《おお》いつくし、一九七五年フランコ総統《そうとう》が死ぬまで実に三五年も続くことになる。ファシズムがスペイン人民に残したその傷跡《きずあと》はあまりにも深くなまなましく、この教会の弾痕壁と同様に、まだまだ癒《い》えてはいないと思われてならない。

ピカソとガウディが残したもの

バルセロナ観光の名所旧跡《きゅうせき》は無数にある。モンジュイックの丘《おか》にコロンブスの塔《とう》、先にちらと見たカテドラルにピカソ美術館《びじゅつかん》、建築家《けんちくか》ガウディによる聖家族《せいかぞく》教会（サグラダ・ファミリア）にグエル公園といったところか。

それらを一通り見て回ったが、私には特にピカソ美術館が実によかった。ゴシック地区の横丁といっていいような古い町並《まちなみ》の片隅《かたすみ》にある美術館は、見かけとちがって、溜息《ためいき》の出るような内容《ないよう》である。ここには、九歳《さい》から絵を描《えが》きはじめたピカソの初期作品が、主に展示《てんじ》されている。その数も豊富《ほうふ》で、一枚一枚《いちまいいちまい》が天才的な早熟《そうじゅく》ぶりをよく伝えている。アンダルシアのマラガ生まれのピカソが、絵の教師《きょうし》だった父親の転勤《てんきん》で、バルセロナにやってきたのは一四歳の時だった。それからすぐ美術学校に入学したものの、こんな生徒を教える教師は、さだめし気後《きおく》れしたことだろうと思われる。

ピカソといえば、後の大作「ゲルニカ」の人間の目をした牡牛《おうし》ではないけれど、なんだか訳《わけ》のわからぬキュービズムの大家と見られがちだが、当初は具象の世界で、同世代の誰もが近づけないほどの基礎《きそ》を積み重ねていたのだ。ベッドに横たわる病床《びょうしょう》の女性《じょせい》に、医師《いし》と修道女《しゅうどうじょ》が付《つ》き添《そ》う「科学と慈悲《じひ》」は、一般的《いっぱんてき》によく知られているが、ピカソ一六歳の作品と知って驚いた。

いささか近寄《ちかよ》りがたい存在《そんざい》の巨人《きょじん》ピカソだが、若いうちはわかりやすい絵ばかりで、にわかに親近感を覚える。彼の「ゲルニカ」へ至《いた》る初心がここにあるのかと思えば、なおさらのことである。

もの心つきはじめたピカソにとってのバルセロナは、どんな役割《やくわり》を果たしたのだろう。地中海の潮《しお》の香《か》を運ぶ風と溢《あふ》れんばかりの太陽の光の下で、並《なみ》はずれて多感な彼は友情《ゆうじょう》と愛と、そしてキュービズム（立体主義）への跳躍《ちょうやく》台とを得たのにちがいない。

しかし、観光客の人気の的《まと》は、ピカソよりも、これまた天才建築家《けんちくか》ガウディによる聖家族教会ではないのか。

バルセロナの中心街からやや北に面して、ひときわ高く屹立する八本からなる塔が、それである。細長いトウモロコシを林立させたような、なんとも異様で奇怪《きかい》な教会だ。もっとも高い塔は一七〇メートルもあるから、遠方からは全容《ぜんよう》を見ることができるが、真下まで行ったらいくら顔をのけぞらしても、とうてい視界《しかい》に入りきれるものではない。カメラにも収《おさ》まらない。

一八八二年に着工されて、まだ建築工事続行中だという。その証拠《しょうこ》に天を突《つ》くクレーンが空高くそそり立ち、鉄骨《てっこつ》の腕《アーム》が横に延《の》びていて、蟻《あり》のようにうごめく人影がある。完成は百年後とも二百年後ともいわれ、知れば知るほど気が遠くなるようなしろものである。

専任建築士《せんにんけんちくし》だったガウディは、一九二六年に志《こころざし》なかばで亡《な》くなった。今はその弟子《でし》たちによって引《ひ》き継《つ》がれているわけだが、よくぞまあ、こんな奇妙《きみょう》キテレツな塔に情熱を打ち込んだものと驚き呆《あき》れる。

市内には、ガウディ設計《せっけい》の公園や家屋のいくつかを見ることができるのだが、あまりにも奇抜《きばつ》で、住んでいる人たちはさだめし落ち着かないだろうなあ、と思う。グエル公園の曲がりくねったベンチにしても、見た目には面白《おもしろ》いが、ゆっくりくつろげるという気はしない。

しかし、どんなに優《すぐ》れた建築士といえども、スポンサーなしには何もできないはずである。並はずれた強烈《きょうれつ》な個性《こせい》を愛し受け入れた資産家《しさんか》がいたわけで、その度量の大きさには脱帽《だつぼう》したくなる。

ピカソにせよ、ダリ、ミロ、そしてガウディと、ひょっとしてスペイン人は、自由奔放《ほんぽう》な人が好きなのかもしれない。

カザルスの「鳥の歌」

自由奔放といえば、二〇世紀の国際的《こくさいてき》な演奏家《えんそうか》に数えられるチェロのカザルスも、バルセロナとゆかりの深いビルトゥオーゾ（名人）だ。東京・お茶の水にカザルスホールがあるが、日本でもその名を知る人は少なくない。

カタルニア生まれのパブロ・カザルスは、一一歳でバルセロナの音楽学校に入り、たちまち頭角《とうかく》を現《あらわ》した。ほとんど一年もしないうちに独自のチェロ演奏法《えんそうほう》を開発したという。ピカソに負《ま》けず劣《おと》らずの早熟な天才児である。一九二〇年代にはバルセロナでオーケストラを設立《せつりつ》し、以後は指揮者《しきしゃ》としても名声を得た。

しかし、スペイン戦争勃発《ぼっぱつ》でフランスへと亡命《ぼうめい》、一貫《いっかん》して反ファシズムの姿勢《しせい》を崩《くず》さず、共和国政府を物心両面から援助《えんじょ》し、反乱軍についたドイツ、イタリアでの演奏《えんそう》活動をすべて拒絶《きょぜつ》する。後にプエルトリコに住居《じゅうきょ》を移《うつ》したが、一九七三年に没《ぼっ》するまで、ついに祖国《そこく》の土を踏《ふ》むことはなかった。

そのカザルスが住んでいた家が、いまは博物館になっていると知って、少し遠いのだが行ってみることにした。バルセロナの西南七〇キロあまり、地中海に面したサンサルバドルという町である。

しかし、せっかく出かけて行っても休館だったら困《こま》るので、先に電話を入れて調べてもらうように、開いてはいるが、午前は一一～一四時で午後は一七～二〇時だという。シエスタが三時間あるので、その間に来てもらってもダメとは、なんと気のきかぬ話か。

やれやれと溜息《ためいき》ものだが、スペインでは、〝お客様は神様です〟などはまったく通用しない。土産《みやげ》物《もの》売場に売子がいても、時計を指さしてまだだという。売る気があるのかないのかと言いたくなるが、とにかく休憩《きゆうけい》時間だけは厳守《げんしゆ》する。民族性《みんぞくせい》というかお国柄《くにがら》なのだろう。

シエスタを避《さ》けて車を飛ばし、午後の部に飛び込むことができた。

博物館といっても、受付けに年配の男が一人いるだけである。海の好きなカザルスが、幼少期《ようしようき》から住んでいた家で、何回か増改築《ぞうかいちく》されたが海岸に面した二階建てだった。アーモンドやオリーブの樹《じゆ》木《もく》に囲まれていて、雰囲気《ふんいき》はいい。展示室《てんじしつ》には愛用のピアノにチェロ、楽譜《がくふ》にパイプにステッキなどのほか、小ホールもあって、亡命中の一部屋まで再現《さいげん》されているのが興味深《きようみぶか》かった。

カザルス演奏の代表作は、なんといっても「鳥の歌」だ。彼の生まれたカタルーニャの民謡《みんよう》で、クリスマスに鳥たちが集まって、キリストの生誕《せいたん》を祝う。

うるわしき夜　けだかき光
大地を照らせば
鳥たちつどい
祝い　うたう　かぐわしい声で

カザルス博物館に展示されたチェロ奏者、カザルスの肖像

……

時間にして一〇分たらずの短い演奏だが、ホールでビデオを見ながら、ゆっくりと聴《き》くことができる。人間の尊厳《そんげん》を感じさせるような奥行《おくゆ》きのある力強い響《ひび》きで、シエスタには少々頭にきたけれど、ああ来てよかった、と大いに心豊《ゆた》かになった。

　カザルスはかつて、フランスの哲学者《てつがくしゃ》シュヴァイツァーと、政治と芸術家《げいじゅつか》との関係について話し合ったことがある。

「創造《そうぞう》活動は、抵抗《ていこう》運動にまさるのでは……」

という問いかけに、カザルスは愛用のパイプをくわえながら、特に気負いこむこともなくこう答えたという。

「創造し、抵抗する。両方すればいいではありませんか」

処刑された詩人ロルカ

　カザルスとピカソに共通していえることは、どちらも自由を愛した抵抗の巨匠《きょしょう》だったということだろう。もちろん芸術家としての活動分野だけでその役割《やくわり》を果たすことができる、とシユヴァイツァーのように考える人もいる。決して間違《まちが》いではないはずだ。

しかし、それ以上のことをやってのけたところに、両者の偉大《いだい》さがある。ファシズムの嵐《あらし》の吹《ふ》き荒《あ》れる時代にあっては、猛突風《もうとつぷう》に煽《あお》られているのと同じで、人の身体はおのずと右に揺《ゆ》れ左に揺れ、これが中庸《ちゅうよう》という立場はなかった、と考えたかもしれない。右に寄《よ》れば風当りも少なかったはずなのに、二人は共に逆風《ぎゃくふう》に向かって毅然《きぜん》と立ったのだ。勇気のある生き方である。

惜《お》しむらくは、もう少し長くカザルスに生きてもらいたかったと思う。一九七三年に逝《い》ったが、その二年後にフランコが死んでいる。フランコよりも長生きすれば、自由な祖国に帰れたのである。

しかし、自由奔放というなら、両者の私生活《しせいかつ》でもそれは言えるかもしれない。ピカソも女性関係は賑やかだったが、カザルスは八一歳で、二〇歳のマルタと結婚《けっこん》している。

「その年齢差《ねんれいさ》は六一年ですよ。なんともオドロキですね」と私。

「いいんじゃないですか。われわれも、できればそうありたいもんだ」

「もし私がカザルス流にいくとしたら、いま三歳の女の子を対象にしなければならなくなる……。こりゃ見つけるのがたいへんだ」

「ぼくの相手は、まだ生まれていませんよ」

Y氏とそんなことを話し合って笑いながら、バルセロナを後に、空路グラナダへと飛んだ。フランスとの国境《こっきょう》ピレネー山脈に近い町から、スペイン南部のシエラ・ネバダ山脈ふもとの都市まで一足飛びだった。

南部アンダルシア地方のグラナダは、はるかな昔イスラム教徒によるイベリア半島支配《しはい》の拠点《きよてん》として栄えた古都だが、現在のスペインで観光の目玉とされるアルハンブラ宮殿《きゆうでん》がある。もちろん宮殿や大聖堂《だいせいどう》も見ることは見たが、あまりの観光客、それも日本人が多いのに辟易《へきえき》した。バルセロナの聖家族教会もそうだったが、これでは日本にいるのと変わりない。

私は日本人のくせに、外国で日本人に会うのがどうも好きではない。どこの国へ行ってもすぐ大都市から逃げだしたくなるのは、そのせいだ。グラナダの土を踏みしめたかったのは、宮殿よりもむしろ詩人ロルカを偲《しの》びたかったのである。

グラナダが生んだ詩人フェデリコ・ガルシア・ロルカは、昔の吟遊《ぎんゆう》詩人さながらに、民謡を発掘《はつくつ》して芸術にまで高めた民衆《みんしゆう》詩人でもあれば、劇作家《げきさつか》でもあった。

スペイン戦争中の一九三六年八月、ロルカは反乱軍に逮捕《たいほ》されて、郊外《こうがい》ビスナールの村で処刑された。裁判《さいばん》らしいものはむろんのこと、尋問《じんもん》の機会さえなかった。しかも他の何人かの同志とともに、自ら掘《ほ》った墓穴《ぼけつ》の前で銃殺《じゆうさつ》されたのである。フランコ政権時代には、その名を口にしただけで逮捕、投獄《とうごく》されるのを覚悟《かくご》しなければならなかったが、ロルカの眠《ねむ》り続ける丘にはいまオリーブの木が茂《しげ》り、詩人を育てた町並と沃野《よくや》とが眺望《ちようぼう》できるという。

そういえば、と私は思い出した。

報道《ほうどう》カメラマンのロバート・キャパが写した「崩《くず》れ落ちる兵士」は、ここからそう遠くないコルドバの戦場だったな、と。日本人ジャック白井《しらい》にしてもそうだが、みな恐るべき猛突風のなか、多少とも風当りの少ない場所があったにもかかわらず、自ら逆風に向かって歩き出した人たちだった。銃声《じゅうせい》一発、そう長くなかった人生を終えて、あえなく崩れ落ちた若者《わかもの》たちと詩人に敬意《けいい》を表しながら、静かな夜のひとときを、持参した日本酒で献杯《けんぱい》したいと思う。

ドン・ホセが一目惚《ひとめぼ》れした町

グラナダから、さらに南のセビリアへと足を伸《の》ばした。

地図で見ると、その中間地点にコルドバが位置している。ここまでくるとスペインの最南端《さいなんたん》に近く、ジブラルタル海峡《かいきょう》はもう目と鼻の先だった。海峡を渡《わた》れば北アフリカのモロッコだった。

あの日あの時、モロッコを蜂起基地《ほうききち》とする反乱軍を援助したドイツ、イタリアの輸送機《ゆそうき》は、四〇機といわれている。ほかに艦船《かんせん》も付いていたのだから、フランコ将軍にとっては願ってもない助《すけ》っ人《と》で、それこそ鬼《おに》に金棒《かなぼう》であったことだろう。

反乱軍精鋭《せいえい》部隊は約二万人からの外人部隊とともに海峡を渡り、蜂起した現地軍《げんちぐん》と合流してトラックに分乗し、北へ北へと、圧倒的《あっとうてき》な軍勢《ぐんぜい》でマドリードへ侵攻《しんこう》した。

この町を拠点にして、南部アンダルシア一帯が、反乱軍と守勢派《しゅせいは》共和国軍との最初の激戦地《げきせんち》になったことがわかる。一体どれほどの犠牲者《ぎせいしゃ》が出たことだろう。反乱軍は食糧《しょくりょう》を持参せず現地《げんち》徴発《ちょうはつ》だったという。同時期に中国の首都・南京を攻略《こうりゃく》した日本軍もそうだったが、侵略軍《しんりゃくぐん》に対し誰がとぼしい食糧を分《わ》け与《あた》えるだろうか。

これを拒《こば》む者、あるいは肩《かた》に銃座跡《じゅうざ》のついた者は、みな「反逆者《はんぎゃくしゃ》」とみなして処刑した。おぞましい大量殺戮《さつりく》は至るところで発生した。詩人ロルカも、その一人だったとみることができる。

しかし、セビリアまでやって来て、そんなことばかり考えているのは、ごく少数の変わり者でしかない。一般的なイメージで、誰もが思い出すのは何か。やはり「カルメン」の舞台《ぶたい》だろうと思う。騎《き》兵伍長《へいごちょう》のドン・ホセが、カルメンに一目惚れした町だ。

戦後まもなくのことだったが、フランス映画《えいが》「カルメン」を見た時の感動は今も忘れられない。男っぽい男ジャン・マレー扮《ふん》するドン・ホセと、妖艶《ようえん》ヴィヴィアンヌ・ロマンスのカルメンはあまりにすばらしく、人恋《ひとこい》しい年頃《としごろ》だった私は心ときめかせて夢《ゆめ》にまで見たほどである。一九八三年に封切《ふうき》られたスペイン映画フラメンコの「カルメン」もまた、最高の出来栄《できば》えだった。

フラメンコの床《ゆか》を叩《たた》く靴《くつ》さばきをサパテアドというが、映画を見終えたあとも耳に残り、指鳴らしのピトー、手拍子《てびょうし》のパルマ、そしてカンタオール（唄《うた》）がよく溶《と》け合っていて、若さと美しさの魅《み》力《りょく》たっぷりのカルメンを引き立てていた。踊《おど》りだけで見せた独創的《どくそうてき》な時代のカルメン像だった。

フラメンコの踊り手は、決して笑顔《えがお》を見せない。いつも追われ続けてきたロマ族（ヨーロッパの移動型民族）の眼《め》つきだ。民族としての苦痛《くつう》から生まれた舞踊《ぶよう》のせいなのか。

一九世紀の作家メリメによる小説『カルメン』が、世界的な脚光《きやっこう》をあびたのは作品の出来栄えよりも、むしろ作曲家ビゼーの歌劇《かげき》に負うところが大きいように思われる。たいていのオペラは、ごく一部分を除《のぞ》いては退屈《たいくつ》するものが多いのだが、歌劇「カルメン」は、どの部分を取ってみてもわかりやすく、異国情緒《いこくじょうちょ》たっぷりの民族性溢《あふ》れる旋律《せんりつ》になっているのが楽しい。おかげで「カルメン」嬢《じょう》は、情熱の国スペインを代表する女性像《じょせいぞう》になってしまった観《かん》があるが、スペインの女性がみなそうだとみるのは、これはとんだ誤解《ごかい》にちがいない。

いや、それどころか、スペインでは日本ほど「カルメン」は評価《ひょうか》されていない、という。だから、あまり口にしないほうがいいですよ、という声も耳にした。

「なぜかって、あれはスペイン人じゃなくて、ロマの女だからですよ。その生き方がどんなに情熱《じょうねつ》的《てき》だからといって、所詮《しょせん》小説の主人公でしかなく、だからスペインをそう見るのは、よほど短絡的《たんらくてき》ですね」

ああ、なるほど、するとスペインを情熱の国に仕立て上げたのは、スペインのあずかり知らぬところなのだ。その責任《せきにん》はもっぱら作曲家ビゼーにあるのだと思わざるを得なかったが、まさかセビリアの市内観光で、その名も同じのカルメン嬢が登場するとは思わなかった。

カルメン嬢とタバコ工場

現地旅行社のカルメン嬢は、なかなか魅力的《みりょくてき》な女性だった。きりっとした端正《たんせい》な顔立ちで、大きな水色の瞳《ひとみ》である。二十代と見えたが、笑うと白い歯並《はなみ》がこぼれて、急にあどけないみたいな表情《ひょうじょう》になる。

「カルメンさん。あなたのお名前ですが、一度聞いたら誰しも忘れませんね。こちらでは、多いんですか」

と聞くと、一九六〇年代生まれの女性の約三割がそうだというのには驚いた。母、祖母《そぼ》の時代はさらに多くなるとのこと。したがって女子は学校で、みな姓《せい》で呼ばれたという。では、その名は好きかと聞いてみる。

「悪くはないけれど、そんなに好きじゃないの。道でカルメンと呼ばれたら、三人に一人は振《ふ》り向《む》きますしね。ほかの名前の方がよかったわ。うふふ……」

「なぜ多いんですか。やはり小説とオペラのせいですか」

「いいえ、メリメの小説の前から、ポピュラーな名前でした。可愛《かわい》いって意味もあるけど、ずっと昔は海の守り神だったの。漁師《りょうし》たちにとってのカルメンは、マリアと同じだったかもね。でも、メリメの小説に出てくるあの人は、ちょっと……」

「いただけないってことですか」

「だって、男から男へと渡《わた》り歩いて、よく恋《こい》する女よね。ふふふ……。だからフランコ時代には、あのオペラも禁止《きんし》されていました」

「へえっ、そうだったの」

それは知らなかった。全体主義時代のフランコ総統は終身国家首長だったが、カタルーニャ、バスクの民族自治はもちろんのこと、男を惑《まど》わすロマ女の存在も許《ゆる》せなかったのだろうか。

カルメン嬢の案内で、白壁《しろかべ》の家の並ぶサンタクルス街からひときわ高いヒラルダの塔へ、そしてスペイン最大と称《しょう》されるカテドラルへ行く。大聖堂は回廊《かいろう》の右側に面して、スペイン四国王によって担《かつ》がれたコロンブスの棺《ひつぎ》があった。

オレンジの樹《き》だらけの町並に、戦争の傷跡めいたものは何もない。やはり観光地というべきか、ヒヅメの音もあざやかに、四人乗り馬車が列をなして行く。ここは〝スペインのフライパン〟と呼ばれるだけあって、盛夏《せいか》は四〇度を超《こ》える炎暑《えんしょ》が続く。かっと照りつける陽光はかなり強烈だったが、湿《しっ》気《け》が少ないので助かる。

スペイン広場から大通りへ出ると、学生街だった。古風な鉄門つきの建物はセビリア大学法学部だが、実は一七世紀に造《つく》られたタバコ工場だったそうだ。

メリメ作の小説では、カルメンはここで働いていたことになっていた、とカルメン嬢が言う。

「すると、騎兵伍長だったドン・ホセと、最初に出会ったところですね。異様に野性的《やせいてき》なカルメンは、口に一輪のアカシアの花をくわえてやってくる。その花をぱっとホセの顔に投げつける……。ちょっと一枚、ご一緒に」

大学前で仲良く並んだところを、Yカメラマンに撮《うつ》してもらったが、こればかりは決して失敗してもらいたくない一枚である。現代《げんだい》カルメン嬢と並んだ老ホセということになろうか。

歩きながら、ふと気づいて、彼女《かのじょ》に日本人の印象はどんなものかと聞いてみた。

「日本って行ったことはないけれど、やはり仕事熱心な人たちが多いって感じ。こちらは、そりゃ仕事も大事にしてるけれど、自由時間や家族との触《ふ》れ合いも、同じくらいに考えています。保守的《ほしゅてき》と言

案内人のカルメンさんと家族

われるかもしれないけれど、家庭生活そっちのけで仕事仕事なんて人は、少ないみたい」

「じゃ日本には魅力はない?」

「いえ、行ってみたいわ、ぜひ!」

と、カルメン嬢は、大きな水色の目を見張《みは》って、ほおを輝かせた。

それからしばらく行った先の土産物屋が並ぶ横丁で、私たちは彼女の生活のもう一面を確認《かくにん》することになった。観光客でごった返す狭《せま》い道だったが、対面から小さな女の子の手を引いたヒッピー風の男が、もう一人を抱《かか》えてやってきた。まだよちよち歩きの幼女《ようじょ》が、突然《とつぜん》ママ!といった声を上げて、彼女に飛びついてきたのである。

これには驚いた。まさか、ミセス・カルメンだったとは! Y氏が意味ありげな顔で、にやにやと笑っていた。

4　ピカソの「ゲルニカ」との対面

超高速列車《ちょうこうそく》でマドリードへ

ミセス・カルメンとセビリアに別れを告げて、マドリードへ向かう。

今度は鉄道だ。スペインの新幹線《しんかんせん》とされる高速列車「アベ」に乗ってみた。一九九二年のセビリア万博《ばんぱく》とバルセロナオリンピックに合わせて、開通したばかりだという。弾丸《だんがん》列車のような車輌《しゃりょう》は新しくピカピカで、座席《ざせき》も日本のそれよりかはゆったりしている。悪くはない。

「アベ」は、スペイン語で鳥という意味だそうだが、時速二五〇キロ、セビリアとマドリードを二時間半で走る。ちょうど東京と大阪《おおさか》ぐらいの距離《きょり》かと思えるが、キップ代は東海道新幹線と比《くら》べて、半《はん》額程度《がくていど》である。

車内でキャンデーの無料サービスがあった。これはまるで飛行機並《なみ》だと思ったが、グリーン席と個《こ》室《しつ》には食事がサービスされるという。

そうと知ればいくらか奮発《ふんぱつ》して、一段格《だんかく》を上げればよかったと思う。サービスランチで、ワインの一杯《いっぱい》もやったら、旅の風情《ふぜい》も大いに増《ま》したことだろう。一生のうちそう何度も来ることはない遠い異《い》国《こく》で、たぶん一回きりの超高速列車なら、それも得がたい経験《けいけん》のうちといえる。

普段《ふだん》ケチケチしているものだから、こんなところまで来て、つい貧乏性《びんぼうしょう》になるのは持って生まれた性分《しょうぶん》だろうが、もしかすると日本人一般《いっぱん》の傾向《けいこう》かもしれない。

スペイン人だったら、きっとたまにしか乗らないのだから、ぜいたくをしようという気になるだろう。何がなんでもシエスタを厳守《げんしゅ》する民族性《みんぞくせい》は、長い夜の時間をゆっくり遊んで楽しむ目的もある。生活をリラックスすることを大事にしているともとれる。それにしてもだ。経済《けいざい》大国・日本の新幹線はお値段《ねだん》も超特急《ちょうとっきゅう》なのだから、少し「アベ」号に見習うべきではないか。

サービスランチのかわりに缶《かん》ビールで一杯やりながら、改めてスペインの地図を広げてみた。

セビリアを出た列車は、コルドバ経由《けいゆ》でどこまでも続く茶褐色《ちゃかっしょく》の高原地帯を北上し、首都マドリードへと向かう。ぎらぎらした日射《ひざ》しはまばゆいばかりだが、思えばこの軌道《きどう》はスペイン戦争勃発《ぼっぱつ》と同時に、モロッコからやって来た反乱軍《はんらんぐん》がなだれのように突《つ》き進《すす》んだ道だ。スペインの面積は日本の一・三倍くらいだが、ちょうどその中心部にマドリードがある。

そのマドリードから、同じくらいの距離を北に行った先にビルバオという町がある。今度の旅の最終目的地ゲルニカは、そのビルバオの東三〇キロ地点だ。ビスケー湾《わん》に面していて、僻地《へきち》のごく小さなひなびた町といったらいいか、かなり不便なところである。

マドリードから北には、高速列車はない。鉄道なら六時間以上もかかるそうだが、ビルバオまでの航空便はある。どっちにするかはまだ決めかねている。マドリードでピカソの大作「ゲルニカ」に対面したあとから考えようというわけだが、だんだん近づいてきたゾ、もうすぐだゾ、という感じで、私《わたし》の胸《むね》はかすかにときめく。

ピカソの「ゲルニカ」の実物は、一体どんなものなのだろう。

そして、ピカソが大作の主題にしたゲルニカの町は、今どんなふうになっているのだろうか。絵画と現実《げんじつ》の町とは、共に何をどう訴《うった》えてくれるのだろうか。

南国の植物園のような駅

到着《とうちゃく》したマドリードのアトーチャ駅は、列車ごと巨大《きょだい》な植物園にでも飛《と》び込《こ》んだみたいで、南国ふうのさまざまな樹木《じゅもく》の緑が実にあざやかだった。

「へえっ、こういう駅もあるのか……」

と、感心してしまう。

草木の緑を見ていると、目の疲《つか》れがとれるとどこかで聞いた気がするが、旅行者には格別《かくべつ》な配慮《はいりょ》といえるかもしれない。これまた日本のＪＲに見せたいようだった。正確《せいかく》にはプエルタ・デ・アトーチャ駅という。名前からして面白《おもしろ》い。

出迎《でむか》えてくれたのは、これから先の案内役兼通訳《けんつうやく》のＴ氏である。

「長旅でお疲れでしょう。今度の取材のこと、父からいろいろ聞いていました。お役に立ちますかど

首都マドリードのスペイン広場、ドン・キホーテとサンチョ・パンサ像

うか」
と、穏《おだ》やかな口調で言うT氏は、こちらに在住《ざいじゅう》する日本人だが、父親は平和美術展《びじゅってん》などで独特《どくとく》の作風で知られる画家である。

知る人ぞ知る存在《そんざい》といってよいが、画伯《がはく》の紹介《しょうかい》で、スペインにくわしく自分もまた絵を描《えが》くという息子《むすこ》さんを紹介してもらったのだった。マドリードに二十年以上もいるというが、まだ学生時代に来たとかで、青年らしいさわやかさを残した方だ。ああ、いい人に当たったと、ほっと胸をなでおろす。

「ホテルで、少し休みますか」

「列車のなかでひと眠《ねむ》りしてきました。荷物だけ置いて、外を歩きたいですね」

「では、すぐゲルニカへ？」

「いやいや……」

と私は首を振《ふ》って、「それは、ちょっと後にします。一番おいしいものを最後にする子どもの心境《しんきょう》でしてね」

T氏は、うふふとかすかに笑った。

「それじゃ、ドン・キホーテの像《ぞう》あたりから、どうですか」

「あ、それそれ。結構《けっこう》ですね」

「像のあるスペイン広場は、ホテルのすぐそばで、王宮も近いです」

というわけで、トランクをホテルに置いて身軽になったあと、カメラだけを手にして外へ出た。

空は抜《ぬ》けるように青く、あいかわらず日射しは強かった。といっても、南のアンダルシア地方とはやはりどこか違《ちが》う。同じ炎暑《えんしょ》でも焼けつくような感じではない。こちらに来てから一度も雨に遭《あ》っていないのは助かるが、空気は乾燥《かんそう》しきっている。

大通りは、整然としたビル街だった。大都会のホテルはどこの国でも中心地に位置しているので仕方ないのだが、ほんとうはもっと庶民的《しょみんてき》な生活臭《しゅう》のあるところのほうが、人びとの息づかいがわかる。しかし、それもまた貧乏性の内に入るのかな、などと思いながら、Yカメラマンとともに案内されたところが、スペイン広場だった。

スペイン広場は、セビリアにもあった。東京に日本広場などというのはないから、こちらの人はそれだけ民族性が強く、憩《いこ》いの場にもお国柄《くにがら》を強調したいのかもしれない。

ドン・キホーテとプラド美術館

近代的なビル群《ぐん》に囲まれた緑の広場は、ドン・キホーテとサンチョ・パンサ像で引き立っている。

この像見たさに訪《おとず》れる外国人客は多い。ためにスリ、置き引きの諸君《しょくん》らの稼《かせ》ぎ場でもあるのだそうだが、まさか日中からやられる心配はあるまい。

広場には、かなりの大きさの大理石の塔《とう》が立っている。塔のなかほどあたり、ゆったりと腰《こし》かけているのが作家セルバンテスだ。その前の一段張《は》り出したところに、やせ馬とロバに乗った主人公ら二人が行く。すぐ鼻先は池になっているから、一歩踏《ふ》み出せば水面にジャボンという配置が、なんともおかしい。

流行の騎士道《きしどう》物語を読み過《す》ぎて少し頭がおかしくなった騎士ドン・キホーテは、欲《よく》の皮を張った従士《じゅうし》サンチョ・パンサとともに、遍歴《へんれき》の旅に出る。永遠《えいえん》のドゥルシネア姫《ひめ》を思いながら、この世の不条理《ふじょうり》を正し弱きを助けようというわけだが、キホーテの理想主義《しゅぎ》とパンサの現実主義とはかみ合わずに、トラブルばかり。よく知られているのは、回転する風車を敵《てき》と取りちがえたキホーテが、槍《やり》をかまえて突進《とつしん》していくくだりだ。

人生の二通りの生き方を、皮肉たっぷりに形象化した作品といえよう。しかし、銅像《どうぞう》の二人はなかなか立派《りっぱ》によくできている。

「像の両脇《りょうわき》に、ほら、大理石の女性《じょせい》がいますね、あれは片《かた》ほうが百姓《ひゃくしょう》女で、もう一方が貴婦人《きふじん》なんです」

とT氏が右手の人差し指を向けて、説明してくれる。

「あ、大きなザルを持っている女性が、農婦《のうふ》ですか」

「そう。惚《ほ》れっぽいキホーテには、みんな貴婦人に見えるんですね。ところがサンチョには百姓女でしかない。ということで、身分のちがう女性像《じょせいぞう》になったといわれています」

「なるほど。みんな美人に見える。ドン・キホーテはとても幸せな人だったわけだ」

「ええ、そうかもしれませんね」

T氏は、ははは……と、楽しそうな笑い声を上げた。

スペイン広場で何枚《なんまい》か写真を撮《と》ったあと、バイレン通りを歩いて、王宮へと足を向けてみた。一七世紀に建設《けんせつ》されたハプスブルク王家の宮殿《きゅうでん》だったが、内部の見学は遠慮《えんりょ》することにした。外側からの重厚《じゅうこう》な景観だけでいい。次は車を飛ばしてプラド美術館へ。

外側の壁《かべ》にスペイン戦争の弾痕《だんこん》の残された美術館だったが、内容《ないよう》はすごいのひとことにつきる。一日や二日ではとうてい見きれるものではない。アルハンブラ宮殿と並《なら》ぶほどのスペイン観光の目玉とされているが、それもそのはず保有《ほゆう》する絵画は約八〇〇〇点といわれ、スペイン絵画からはじまって、フランス、ドイツ、イタリア、オランダ絵画などに彫刻《ちょう》と、どれも名作揃《ぞろ》いときている。

スペイン絵画では、特にグレコ、ベラスケス、ゴヤなどの作品群《さくひんぐん》がみごとだったが、私が大いに魅《ひ》かれたのはゴヤだった。

一八世紀なかばに貧《まず》しい職人《しょくにん》の子として生まれたゴヤは、生活のために宮廷《きゅうてい》画家にならざるを得なかったから、貴族《きぞく》たちの肖像画《しょうぞうが》が多く残されている。「カルロス四世家の人びと」がその代表作とされているが、リアリズムに徹《てつ》したその人間描写《びょうしゃ》は鋭《するど》く、色彩《しきさい》もあざやかで、うーんと唸《うな》りたくなるほどの完成度である。

ゴヤにくわしいT氏の説明によると、宮廷画家であったにもかかわらず彼《かれ》は決して妥協《だきょう》することなく、その対象をあるがままに描いたという。だからこそ、生きた人間の真実の姿《すがた》を形象化できたのだろうと思う。

ゴヤの作品は、貴族たちの肖像ばかりではない。風俗《ふうぞく》画、戦争画、幻想《げんそう》画と広いジャンルに及《およ》ぶのだが、なかに一八～一九世紀にかけての庶民《しょみん》生活をいきいきと紹介した一連の作品があった。

当時の子どもたちは、どんな遊びをしていて、女たちの日常《にちじょう》はどうだったのかを知る上でも、実に興味深《きょうみぶか》いものがある。「木登り」「竹馬」「兵隊ごっこ」など、よくよく見れば素足《すあし》の子やズボンの破《やぶ》れた子もいる。躍動《やくどう》感いっぱい、いたずら盛《ざか》りの姿そのものだ。

子どもと比べ、娘《むすめ》たちの服装《ふくそう》はやや美化されたきらいはないではないものの、「ブランコ」や「鬼《おに》ごっこ」などの作品は明るく微笑《ほほえ》ましく、見ているだけでも心がなごんでくるかのようである。

まだ写真の登場しない時代にあって、人びとの生活や露《あらわ》な息づかいをいきいきと記録したことでも、ゴヤは歴史の偉大《いだい》な証人《しょうにん》だったと言えるかもしれない。

みんな動いている！

翌日《よくじつ》、気分を一新したところで、いよいよピカソの「ゲルニカ」を見にいくことにした。場所は大植物園に飛び込んだかと錯覚《さっかく》したアトーチャ駅近くの国立ソフィア王妃芸術《おうひげいじゅつ》センターである。

つい数年前まで、「ゲルニカ」はプラド美術館別館に展示《てんじ》されていた。

T氏の話によると、それは厳戒体制《げんかいたいせい》といってよく、入館者は入口で持物を預《あず》けたあと、金属探知機《きんぞくたんちき》をくぐって、ボディチェックを受ける。全面防弾《ぼうだん》ガラスに被《おお》われた「ゲルニカ」は、監視《かんし》用テレビと、武装《ぶそう》した民警にしっかり守られていた。右翼《うよく》の襲撃《しゅうげき》を警戒《けいかい》してだが、こうなると見るほうも気が気でなく、どこからかズドンと一発やられそうで、とうてい落ち着いての鑑賞《かんしょう》はできなかったという。

一九三八年一月、パリ万博終了《しゅうりょう》のあと、「ゲルニカ」は戦争中のスペインへ送ることもできず、イギリスからアメリカへ渡《わた》って、実に四二年間も「亡命《ぼうめい》」を余儀《よぎ》なくされていた。ピカソが、フランコ体制下の祖国《そこく》をきらったからだった。

一九七三年にピカソが、また七五年にフランコ総統《そうとう》が相次いで亡《な》くなったあと、ようやく「ゲルニカ」が自由と民主主義を取《と》り戻《もど》したスペインに帰ったというわけだが、今は防弾ガラスもなく、直接《ちょくせつ》に見ることができるのがうれしい。私はいい時に来たわけである。

マドリードには五十余《あま》りの美術館や博物館があるというが、私たちの訪れたセンターは、主として二〇世紀の現代《げんだい》美術を集めた美術館だそうだ。

四〇〇〇ペセタ（約四百円弱、一九九七年当時）の入場料を払《はら》って入る。バッグなど手荷物だけは預けなければならない。

「最初から順番に見ていきますか」

というT氏の勧《すす》めにもかかわらず、ここまで来てしまうと、私にはもはやそんなゆとりはなかった。はやる気持ちを抑《おさ》えることができない。

「いや、イの一番にゲルニカとしましょう。そのあと時間があったら、また元に戻《もど》ってコース順にと……」

「はいはい」

Ｔ氏はうなずき、私の熱い期待を察してか、穏やかに笑いながら、「そうですね。そのために、はるばる来たんですものね。私はいつでも自由に見れますけど。じゃ……」

何はともあれ、目的の展示室《てんじしつ》へと、先に立って歩き出した。

入口からすぐの廊下《ろうか》を右に進み、左折したとたんの大部屋がそこだった。

相当数の人びとが、群《むら》がっているのでわかる。みな、声もなく一カ所に立ちつくしている。そう簡《かん》単《たん》に動きそうもない。心得たもので前方の人たちは、立ち入り禁止《きんし》のロープぎわにしゃがみこんでいた。

しかし超大作《ちょうたいさく》だから、かなりの人混《ひとご》みにもかかわらず、全画面を見ることができる。

「……！」

私は、思わず息を飲んだ。

「ゲルニカ」の横長の原画が、私を身体ごと吸《す》い込《こ》むような迫力《はくりょく》で、目の前にある。

もちろんその大きさや構図《こうず》は、東京の東武《とうぶ》美術館で見た原寸大《げんすんだい》の複製《ふくせい》写真で、きっちりと脳裏《のうり》に焼き付けられているはずのものだったが、明らかにちがうと思った。

複製によって得た私の印象は、ひとことでいえば厳粛《げんしゅく》なまでに静寂《せいじゃく》だったが、本物は恐《おそ》ろしいような躍動感に溢《あふ》れていて、立体的なのだった。登場人物たちは、何人かの女たちはもちろんのこと、

パブロ・ピカソ「ゲルニカ」1937年（349.3×776.6　油彩・カンバス）国立ソフィア王妃芸術センター（マドリード）©2020-Succesion Pablo Picasso-BCF（JAPAN）

中央部の馬から、その左側の牡牛《おうし》までが、それぞれの声を発して渾然《こんぜん》と動き出すかのように見える。

みんな動いている！

と、直感できたのは、新発見だった。

時計の歯車やゼンマイではないが、みな組み合わさって動いているということは、生命があるということなのだか。画面の左隅《ひだりすみ》で女に抱《かか》えられた幼児《ようじ》にせよ、折れた剣《けん》を握《にぎ》りしめて横たわる戦士にせよ、まだ死んではいない。

子どもはぐったりと顔をのけぞらせて、白目をむいているものの、やはり、かすかに息をしているかのようである。

現代戦争の悲惨《ひさん》さ不気味さ

しかし、見れば見るほど謎《なぞ》めいていて、不思議な絵画だった。だから、いろいろな解釈《かいしゃく》が成り立つのだろう。パリ万博の会場でも、見る者によって賛否両論《さんぴりょうろん》に分かれたことも理解《りかい》できなくはない。六十年ほども前の時代

には、それこそ革命的《かくめいてき》な作品だったのだ。

昨日、プラド美術館で見たゴヤ描く貴族たちのみごとな肖像画ではないが、一九世紀から今世紀はじめくらいまでは、絵は対象をリアルに描くべきであったのだろう。やがて見たものを感じたようにとらえることに変化し、次にはその対象を自分のなかで再構成《さいこうせい》してみせる絵画も登場してきたわけである。

ピカソの場合は、それらのプロセスを若《わか》いうちから、きわめて短期間にやってのけた作家だったのだ。バルセロナで初期作品を見てきたから、創作《そうさく》活動の経過《けいか》がよくわかる。ピカソほど、次つぎと画風を変えていった人も珍《めずら》しい。

才能《さいのう》のあり余った彼にとっての作品は、駅の階段《かいだん》を数段《すうだん》飛ばしに駆《か》け上《のぼ》るのに似《に》ている。きわめて大胆《だいたん》に既成《きせい》のものを打ちこわし、否定《ひてい》しつつ、飛躍《ひやく》に飛躍をかさねた末にたどりついたのが、キュービズム（立体主義）だったのにちがいない。

対象を一面からだけ見るのではなくて、ありとあらゆる角度からとらえて分解《ぶんかい》し、一枚《いちまい》の絵のなかに再構成するのがキュービズムだと考えれば、一見してわかりにくい絵も、また別な見方ができようというものだ。

「ゲルニカ」の場合、その大作に登場する人や動物たちは、やたらと手足ばかりが大きくグローブみたいだったり、目が横っちょについていたり、開いた口には歯がなかったりで、ちょっと見た目にはグロテスクな化物のようでもある。

背中《せなか》に槍を刺《さ》された馬は、断末魔《だんまつま》の叫《さけ》びを上げているものの、その口から舌《した》が牙《きば》のように突《つ》き出ている。牡牛はちぐはぐな目で、どこに焦点《しょうてん》があるのか、あらぬ方角を見るともなく見ている。

でも、と私は、「ゲルニカ」に注目しながら考えていた。

もし、それらの人物や動物たちが、リアルな決まりきった像であったとしたら、どうなっただろう。渾然として躍動してくれただろうか。自由な動きがとれなかったのではないか。画面は灰色《はいいろ》と青みがかった黒とで、いわばモノクロだったが、もしここで赤や青の色彩が塗《ぬ》り込まれたら、どうなっていたことか。

画面のなかで、私たちになじみのあるものといったら中央部からやや左寄《ひだりよ》りの上部に輝《かがや》く裸電球《はだかでんきゅう》一つしかない。その照明の下に浮上《ふじょう》したものは、ランプを手にして覗《のぞ》き込んだ女が、思わず絶叫《ぜっきょう》したくなるほどのおぞましさだった。女の手のランプは裸電球と接触《せっしょく》しているので、照明はこの女によってもたらされたものとも考えられる。もし女が登場しなければ、地獄《じごく》部屋は暗黒のままだったのだから、やはりランプの光は自由と正義《せいぎ》を象徴《しょうちょう》する希望の灯《ひ》と受けとれる。

しかし、左側へ目を移《うつ》すと、三角形のぎざぎざの火群《ほむら》と窓《まど》が開いていて、両手を上げて転落中か、さもなければ必死に喚《わめ》き悶《もだ》える女がいる。すると、こちらは屋外なのか。光のほうに這《は》いずる女は、爆撃《ばくげき》の燃《も》えさかる家並《いえなみ》から命からがらに逃《に》げまどう姿か。平和の使者の鳩《はと》も、台の上で傷《きず》ついている。

見る人によって、さまざまに解釈できる「ゲルニカ」は、しかし全体として現代戦争の恐ろしさやむごたらしさ、悲惨さ不気味さを、余すところなく描ききっている——と考えるのは、おそらく誰《だれ》にでも異存《いぞん》のないところだろう。

「スペイン戦争は、人民に対する、自由に対する、反動の闘《たたか》いである。わたしの芸術家《げいじゅつか》としての全《ぜん》生涯《しょうがい》は、もっぱら反動と芸術の死に反対する絶《た》えざる闘争《とうそう》であった。ゲルニカと名づけるはずの、いま制作《せいさく》中の壁画《へきが》においても、わたしの最近のすべての作品においても、わたしははっきりとスペインの軍部に対する憎悪《ぞうお》を表現《ひょうげん》している。軍部こそはスペインを苦しみと死の海に投げ込んでいるのだ」(『ピカソ』大島博光)

「ゲルニカ」制作中にピカソはそう声明したが、キュービズムの手法で一気呵成《かせい》に描き上げた超大作は、存分《ぞんぶん》にその目的を果たしたといえる。いやいや、巨匠《きょしょう》亡きあとも現在《げんざい》から未来にまで、油断《ゆだん》すれば惨劇《さんげき》は繰《く》り返《かえ》される、という警鐘《けいしょう》を打ち鳴らし続けているのではあるまいか。

東京大空襲《だいくうしゅう》の〝炎《ほのお》の夜〟に

いくら見ていても見あきることのない絵画だったが、鑑賞時間は限《かぎ》られていた。ここだけは異例《いれい》中の異例で、数分おきにチャイムが鳴る。すると立ち入り禁止ロープの両端《りょうたん》に立っている警備員《けいびいん》からすぐに退場《たいじょう》を命じられる。渋滞《じゅうたい》を解消《かいしょう》できないからだが、T氏の話によれば、いったん入口に戻ってまた引き返してくる客が多いのだそうだ。

それにしても、防弾ガラス付きでなくてよかった、と私は心ひそかに思った。もしガラス面で被《おお》われていたら、巨大な水槽《すいそう》に入れられたのと同じで、画面の登場人物たちは水底深く沈《しず》められて、もがき苦しんでいるようにも見えたことだろう。それではピカソの訴えようとしたテーマは、別な受けとめ方をされたかもしれない。

少なくとも、ゲルニカ爆撃の惨禍《さんか》は、いささか遠のいたはずである。

幸いにして、直接に対面できた原画の迫力はたいへんなもので、ピカソがパリでさまざまな情報《じょうほう》から得たゲルニカ爆撃のイメージは、その作品を通して、どれほどかの追体験ができる。

もちろん感じ方の度合いは人それぞれだろうが、私の場合は、どうしても自分の空襲体験と重複《ちょうふく》してしまうのだった。

バスク地方の小さな町の人びとにもたらされた「苦しみと死の海」のその延長《えんちょう》線上に、一二歳《さい》だった私の目にうつった凄惨《せいさん》な〝炎の夜〟があるのだから。……

ふいに、私は思い出していた。

焼けただれた空と、群《む》れ飛ぶ敵機《てつき》とを。それは高度一万メートルを白魚のように美しくやってきたあのB29かと疑《うたが》うばかりにばかでかく、しかも残虐《ざんぎやく》そのものだった。翼《つばさ》も胴体《どうたい》もぎらぎらと真紅《しんく》に怪《あや》しく映《は》えているのは、地上の火災《かさい》を乱反射《らんはんしや》してだった。

噴出《ふんしゆつ》する火炎《かえん》と黒煙《こくえん》の裂《さ》け目《め》から、いきなり一機が眼前《がんぜん》に登場し、突《つ》っ込んでくる。ああっと思った瞬間《しゆんかん》に、何十台ものジャリトラが、一斉《いつせい》に荷をぶちまけたような怪音《かいおん》。数カ所にどっと火焔《かえん》が吹《ふ》き上《あ》がる。家屋を貫通《かんつう》していく火群と黒煙の速度と音響《おんきよう》は、この世のものとは思えぬほどだった。

またもや一機が、赤紫《あかむらさき》の火焔の裂け目から現《あらわ》れた。とみるまに、なにやら無数の光のかけらが……。

「伏《ふ》せろ！」

誰かが叫んだ。その声より早く、本能的《ほんのうてき》にしゃがみ込《こ》んで身を縮《ちぢ》めた。

あっ落ちてくる！　と、ただそれだけを思った。短い炸裂音《さくれつおん》とともに、閉《と》じた瞼《まぶた》に光箭《こうせん》が走る。すぐ反射的《はんしゃてき》に目を開いたが、あたりの光景は一変していた。

ああ、と私は目をむいた。歩道のきわで、誰かが火の塊《かたまり》となって、両手両足を振《ふ》りながらコマのように回転している。断末魔の人は、火を振り切ろうと必死にもがいて暴《あば》れる。めらめらシュウシュウというすさまじい響《ひび》きは、焼夷弾《しょういだん》の飛沫《しぶき》を全面に浴びた人の燃焼《ねんしょう》するそれだった。奇跡的《きせきてき》に助かった幼女《ようじょ》が、燃える男の横に棒立《ぼうだ》ちになっている光景は、半世紀も過《す》ぎると、いつか見た恐ろしい悪夢《あくむ》の一シーンのようでもある。

あまりにも遠い日の記憶《きおく》で、もういい加減《かげん》に思い出すことも少なくなっていたのだが、ピカソの「ゲルニカ」で、心身ともにいきなり荒々《あらあら》しく鷲掴《わしづか》みにされたまま、一九四五年三月一〇日未明へと引《ひ》き戻《もど》されてしまった。一夜にして一〇万人もの生命が失われた〝炎の夜〟である。

「入口へ戻って、再度《さいど》見るとしますか。それにまだダリやミロの現代作品もありますが」

と、T氏が横から親切に言ってくれたが、私は静かに首を振って答えた。

「いえ、結構です。もう充分《じゅうぶん》ですよ……」

5　惨劇《さんげき》の町ゲルニカ探訪《たんぼう》

工業都市ビルバオへ

ピカソの「ゲルニカ」を見たあとの次なる目標は、爆撃《ばくげき》による惨禍《さんか》の町ゲルニカ探訪だった。

マドリードから、空路でビルバオへ飛んだ。ビルバオは、ゲルニカへ向かう入口ともいうべきビスカヤ県の県都である。バスク地方の中心的な工業都市だが、人口は四〇万人ほどだそうだから、私《わたし》の住む東京・足立区には及《およ》ばない。

空港から一五分ばかりで入った市街地は、しかし、わが足立区とは比《くら》べようもないほどの重厚《じゅうこう》な、近代都市だった。これまでホテルから一歩出れば、いや、ホテルの内部でさえ日本人ばかりでうんざりしたものだが、ここまで来る日本人観光客の姿《すがた》はなく、ようやく外国へ来たような気分になる。

しかし、観光客はおろか路上に通行人の姿もまばらで、店はみなシャッターを下ろして静まりかえっている。

陽《ひ》はさんさんと輝《かがや》いているけれど、腕《うで》時計を見れば午後六時だ。シエスタにしては妙《みょう》だなと思いつつ、ホテルに入って聞いたところ、今ちょうど祭りの最中で、今夜はヤマ場の花火大会とのことだった。祭りの期間は一週間で、そのあいだはほとんどの店が休むのだという。

一週間の休日とは驚《おどろ》いた。夏休みがあって、祭りの休みにクリスマス休暇《きゅうか》があって、シェスタ付きだったら、一体いつ働くのだろうかと思う。町の人たちの食糧《しょくりょう》なんかどうするのだろう。日本だったら、今では元日でも開いている店があるというのに。——

「ここは旧市街《きゅうしがい》ですが、三〇分ほど歩いた先が新市街で、ネルビオン川というのがあるんですよ。花火大会はそこでおこなわれるそうですが、夜にでも行ってみますか」

ホテルのクロークで、スペイン語でやりとりしていたカメラマンのY氏が、こちらを向いて誘《さそ》ってくれた。

「ただし、花火は一一時半からとか」

「すると、終わりは明方？　いやはやラクじゃないや、こりゃ」

「はっははは……。こちらの人は、それがなによりの楽しみなんですよ」

「ここは工業都市だそうだけど、みんなそんな具合だったら、生産性《せいさんせい》は上がらないんじゃないのかな」

「やはり不景気のようですよ。観光客は来ないし、大都市でも観光シーズンの一時雇《やと》いが多いんですから。スペインの失業問題は特に深刻《しんこく》ですね。祭りぐらい、ぱあっとやろうという気にもなるんじゃやないですか」

「けれど、終《お》ったらぐったりじゃあね。ぼくは明日のゲルニカ取材が控《ひか》えてるから、例の資料《しりょう》、ちょっと目を通しておきますよ」

「あ、あのパンフですか。ええ、少しは役に立つかもしれません」

Y氏は、笑ってうなずいた。すでに数日前、ここビルバオからゲルニカ入りをしたY氏は、私のために現地《げんち》との調整役で駆《か》け回ってくれていたのである。

なにしろ夏季休暇中だから、事前に連絡《れんらく》をつけておかないことには、町役場の文化担当官《たんとうかん》はもちろんのこと、爆撃の体験者にも会えない。幸運なことに町役場ではいま、夏季だけのゲルニカ爆撃展開《てんかい》催《さい》中で、受付に若干《じゃっかん》の資料が並《なら》んでいたという。Y氏が入手してきた一冊《さつ》のパンフは、ゲルニカ爆撃の英文解説書《かいせつしょ》だった。

『ゲルニカの爆撃』その一

私がこの資料を重視《じゅうし》するのは、爆撃から六十年余《あま》りも過《す》ぎて、被災《ひさい》した現地の公的機関でまとめられた最新のレポートだということである。

ゲルニカ爆撃の実態《じったい》は、先にも触《ふ》れたようにわからない部分が多い。無理もない話で、爆撃から三日後には反乱軍《はんらんぐん》に占領《せんりょう》されて、痕跡《こんせき》はすべて消し去られたうえ、戦後はまた長期間にわたりフランコ独裁政権《どくさいせいけん》によって厳重《げんじゅう》な箝口令《かんこうれい》が敷《し》かれていた。真相究明が始まってまだそれほどたっていないはずだが、その成果は果たしてどのようなものなのだろうか。

ホテルの部屋に落ち着いた私は、電気スタンドの照明の下で興味深《きょうみぶか》く「The Bombing of Gernika」（ゲルニカの爆撃）のページを開いた。次にその主要点を書き出してみるとしよう。

――ゲルニカの町が創設《そうせつ》されたのは非常《ひじょう》に古く、一三六六年のことで、それから徐々《じょじょ》にバスク都市の特徴《とくちょう》を備《そな》えるようになっていった。

数本の平行に走る道路に、他の何本かの道路が直角に交錯《こうさく》していて、教会が町の境《さかい》にある。町の中心部は広場と町役場ができていた。重要な行事はすべて教会の玄関口《げんかんぐち》で執《と》りおこなわれるようになる。一八八二年に隣町《となりまち》ルモと合併《がっぺい》してゲルニカ・ルモとなったから、正確《せいかく》にはその呼称《こしょう》を使うべきである。

町を構成《こうせい》する建物は、おおむね二〜三階建ての共同住宅《じゅうたく》で、一階の前面だけは石でできていたが、骨組《ほねぐ》みはすべて木材とレンガだった。屋根の片側《かたがわ》は通りに、もう一方が裏側《うらがわ》に傾斜《けいしゃ》し、雨水は裏側から排水《はいすい》されるようになっていた。したがって石の土台が破壊《はかい》されれば建物は支《ささ》えを失ってしまい類《るい》焼《しょう》もするので、後のドイツ軍による爆撃にはひとたまりもなかったわけである。

町の人びとの暮《く》らしは穀物《こくもつ》、野菜、果物などの農業のほか、鍛冶屋《かじや》、仕立屋、靴職人《くつしょくにん》などの工芸と、輸送《ゆそう》、販売《はんばい》などの商業とに分けることができるが、一九三六年の人口は六〇〇〇人に増《ふ》えていた。スペインは第一次世界大戦で中立国だったから、戦禍《せんか》による打撃《だげき》はなく、大戦後の経済《けいざい》は大きく成長したのだった。大工、靴職人、ブリキ屋などの親方は、多くの弟子《でし》を使って仕事をしていた。貴金《ききん》属《ぞく》の加工も優《すぐ》れていたが、食品工場、機械工具工場なども出来ていた。

農業は耕作地《こうさくち》の関係で町からやや離《はな》れていたが、市《いち》やマーケットでの売買で町民と密接《みっせつ》に交流し、特に賑《にぎ》わったのが毎週月曜日に開かれる大衆《たいしゅう》市だった。ここで農民たちは自分たちの生産物を売り、家畜《かちく》業者は家畜の取り引きもした。

町の議事堂は、シンボルとなる木とともに、小高い丘《おか》に建っている。バスクの古い伝統《でんとう》では、共同体の利害にかかわる問題は大木の下で、それもほとんどは樫《かし》の木の下で、集《つど》いを開いて民主的に決めることになっていた。そして、いつしかゲルニカの樫の木が最も重要な木になっていた。ビスカヤ県の法律《ほうりつ》が一八七六年にゲルニカの木の下で起草されて以来、指導者《しどうしゃ》たちはこの聖《せい》なる木の下で誓《ちか》いを立てることが慣《かん》例になっていた。

一九三六年七月、フランコ将軍《しょうぐん》のクーデターからスペイン戦争が勃発《ぼっぱつ》した。同年一〇月に共和国政府《せいふ》はバスク自治法を採択《さいたく》した。バスク政府の新大統領に就任《しゅうにん》したホセ・アントニオ・アギーレは、ゲルニカの木の下で就任式《しゅうにんしき》をあげたのである。

バスク大隊は、ほとんど軍事力を保持《ほじ》していなかったが、共和国側の潮流《ちょうりゅう》に合体し、自由と民主主義を守って反乱軍とたたかうことになった。

『ゲルニカの爆撃』その二

戦火が開かれた翌《よく》三七年三月三一日、スペインにいたドイツ空軍のコンドル軍団《ぐんだん》は、バスクの南三〇キロの町ドゥランゴを爆撃した。一二七人以上の人びとが即死《そくし》し、その後まもなく一二一人が収《しゅう》

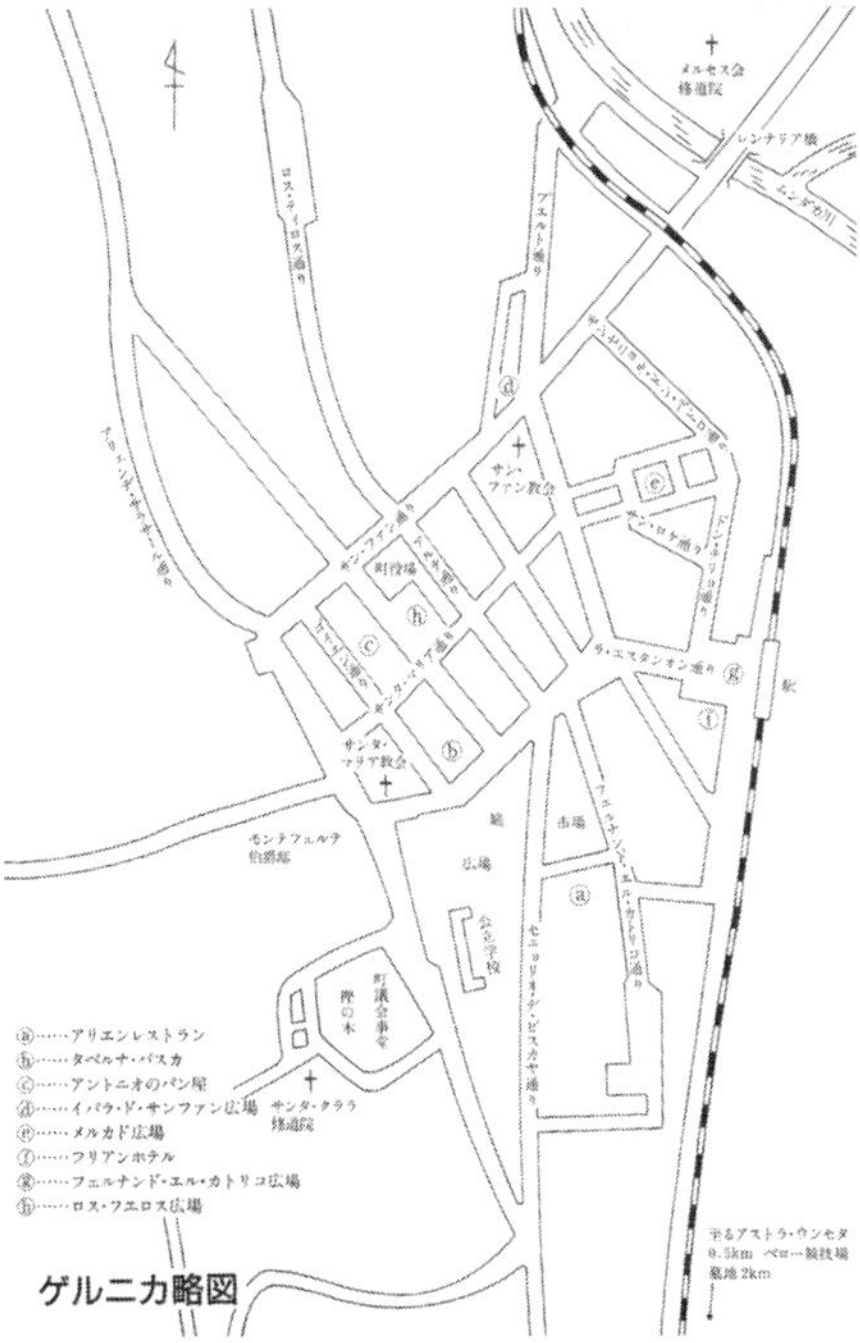

ゲルニカ略図

容先《ようさき》の病院で死に、負傷者《ふしょうしゃ》は五二五人に達した。これがファシストによる北部爆撃の幕開《まくあ》けである。

その頃《ころ》、ゲルニカの町は、前線からの避難民《ひなんみん》を加えて、約七〇〇〇人の人口にふくれあがっていた。

一九三七年四月二六日は、月曜日だった。誰《だれ》もが待っている大衆市の日である。いつもと同じように、近郊《きんこう》から農産物や家畜を売買する農民や業者がやってきて、市は大勢《おおぜい》の人で賑わった。

市も終わりかけた午後四時半、爆撃は開始された。

空襲警報《くうしゅうけいほう》の合図は、サンタ・マリア教会の鐘《かね》で、たて続けに三度打ち鳴らされた。最初の敵機《てっき》は、町の上空を何回か旋回《せんかい》して爆弾《ばくだん》三個《こ》を投下した。それから爆撃は連続波状的《はじょうてき》に三時間半にも及んだが、主力のコンドル軍団（イタリア機も多少含《ふく》まれていた）は、五〇キロ離れたビトリアおよび一三五キロ離れたブルゴスの前線基地《きち》から飛んできたのである。その機数は延《の》べ四〇～五〇機とみられている。搭乗員《とうじょういん》は一機当り平均《へいきん》三人である。

かれらの攻撃《こうげき》は未曾有《みぞう》の残酷《ざんこく》さで、無防備《むぼうび》な一《いっ》般《ぱん》市民を対象に、三段階《だんかい》に分けておこなわれた。

まず最初に町なかの建造物《けんぞうぶつ》を破壊する二五〇～三〇〇キロ爆弾が投下され、恐《おそ》ろしいパニック状《じょう》態《たい》の直後を狙《ねら》って、集中的に焼夷弾《しょういだん》が落とされた。すさまじい火煙《かえん》の渦巻《うずま》くなか、次は逃《に》げまどう人びとに向けての機《き》銃掃射《じゅうそうしゃ》だった。

こうして二五〇～三〇〇キロ爆弾三九個、五〇キロ爆弾二六〇個、一キロ焼夷弾五四七二個、合計二九トンもが、この町の人びとの頭上に降《ふ》り注《そそ》いだのだった。サンタ・マリア通りにサン・ファン通り、そしてアドルォ・ウリオステ通りなど、町の中心部は完全なまでに破壊されてしまった。

ドゥランゴ町の爆撃以来、町なかには七つの防空壕《ぼうくうごう》が用意されていたが、役場近くの第一号壕では直撃《ちょくげき》弾で二四人が死に、サンタ・マリア通りの第五号壕では四五人が死んだ。すべてが武器《ぶき》を持たない民間人だった。爆撃とそれに引き続く大火災《だいかさい》とに、ビルバオから消防隊《しょうぼうたい》が駆《か》けつけたがなす術《すべ》はなかった。水道管もすべて破壊されていたからである。

一般市民の死傷者数《ししょうしゃすう》については、諸説《しょせつ》がある。バスク政府の公式報告《ほうこく》では、死者一六五四人、負《ふ》傷《しょう》者八八九人とされているが、一方に死者二〇〇～二五〇人くらいという数字もあり、この問題にはまだ結着がつけられていない。三日後に侵入《しんにゅう》した反乱軍によって、死者は墓石《はかいし》も墓碑銘《ぼひめい》もなしに共同墓地《ぼち》に一括《いっかつ》して葬《ほうむ》られ、戸籍《こせき》登記所にあった生前の戸籍簿《ぼ》もみな処分《しょぶん》されてしまったからだ。

信頼《しんらい》できる証言《しょうげん》によれば、爆弾で破壊された集合住宅《たく》は七二二戸だった。このうち七一％が全壊《ぜんかい》で、七％がかなりの被害《ひがい》を受け、二二％が軽い被害だった。無事だった建物は、わずかの一％に過ぎなかった。しかし、これだけ深刻な大被害にもかかわらず、当初の爆撃目標だったレンテリア橋や、修道院《しゅうどういん》、そして町議会と聖なるゲルニカの木も無傷《むきず》のままに残された。

ゲルニカの町の空は晴れて

以上のゲルニカ爆撃のあらましを頭に入れた私は、カメラマン、通訳《つうやく》氏らと、翌朝《よくあさ》早く現地に向けて出発した。

ゲルニカまでの距離《きょり》は、東に約三〇キロだ。町並《まちなみ》を抜《ぬ》けた車はすぐにゆるやかな丘陵《きゅうりょう》地帯へ入った。道路事情《じじょう》は悪くはないが、小川の流れに沿《そ》った曲がりくねる山道で、時どき単線の軌道《きどう》とすれちがった。一日にそう何本とない鉄道で行けば、約一時間ということである。

今日もまた快晴《かいせい》で、陽光はまぶしかった。しかし、アンダルシア地方の赤茶けた大地と、ぎらぎらの強い日射《ひざ》しとはちがって、緑の木洩《こも》れ日《び》のなかを進むせいか、空気は至《いた》ってさわやかである。六十年ほど前のあの日は、新緑の季節だったはずだ。町を焼きつくされた人びとは、着のみ着のままの姿で、この道を逆《ぎゃく》にビルバオへ避難《ひなん》したのだろうかと思う。

車窓《しゃそう》には、バスク特有の赤い屋根に白壁《しろかべ》の家屋がぽつぽつと点在《てんざい》する。「カセリオ」といって、かなり大きな造《つく》りだが、住居《じゅうきょ》のほか一年中の牧草から農作物まで、すべて備蓄《びちく》できるのだそうだ。一昔前までは大家族制度《せいど》で、自給自足の生活をしていたのだろう。

庭に羊の群《む》れと、雨露《あめつゆ》をふせぐ幅広《はばひろ》いバスク・ベレーをかぶった老人など、見慣《みな》れぬ風景にカメラを向けたりしているうち、道はいつのまにか下り坂となって、予想外に近代的な町並が左右に開けてきた。

ついに来た、と私はひそかにつぶやく。ピカソでさえ来ることのできなかったゲルニカの町だった。

駅前の広場から、通りを左に曲がる。石造《いしづく》りの三、四階建ての堅実《けんじつ》そうなビルが並んでいて、なかなかどうして立派《りっぱ》なものである。爆撃の傷跡《きずあと》らしいものは何もないのに、いささか拍子抜《ひょうしぬ》けする。

町役場では、町長が海外に出張《しゅっちょう》中とのことで、文化担当《たんとう》のルイス・オルテサル・モナステリオ氏らが歓迎《かんげい》してくれた。

町の人口は、当時の倍以上に増えて、現在《げんざい》一万六〇〇〇人ほど。そう大きな町ではないが、ここは特別な意味があって「ゲルニカの木」がバスク地方全体の自由と自治、独立《どくりつ》の象徴《しょうちょう》になっているという。ドイツ軍はその町を狙って、決定的な打撃を与《あた》えたのだった。

町役場のあるあたりは、爆撃で完全に壊滅《かいめつ》されてしまった中心部だが、その実態は開催中の爆撃展で確認《かくにん》してほしい、またゲルニカ爆撃を忘《わす》れないための平和研究センターもあるので、今後の交流を期待するとのことだった。

町役場からは、大型の写真集を寄贈《きぞう》された。ページを開いてみると、日本ではついぞ見たこともない爆撃の惨状《さんじょう》がみごとに記録されている。よくぞこんなに多量の写真が残されていたものである。ああ、これは貴重品《きちょうひん》だと思った。かわりに東京大空襲《だいくうしゅう》の写真集を差し上げたが、一〇万人もの生命が失われた〝炎《ほのお》の夜〟は同じ空襲なのに、みなさん戸惑《とまど》い勝ちの表情《ひょうじょう》で、

「あのう、ご存知《ぞんじ》で?」

とは、まさか切り出しかねた。

それにしても、スペイン語で話してくれたから、通訳のT氏も救われた。これがバスク語だったら、どうしようもなかっただろう。

議事堂からレンテリア橋へ

ルイス氏の案内で、町なかを歩いて小高い丘の登り道を行く。

こんなところまで来る外国人客はめったにいないのか、道端《みちばた》で遊んでいた子どもたちが、不思議そうな目を向けた。人口二万人足らずの町といえば、子どもはともかく、町民たちはほぼ顔なじみなのかもしれない。

丘の上にやや小規模《しょうきぼ》ながら、石造りのいかにも風格《ふうかく》のある建物があった。カサ・デ・フンタスと呼《よ》ばれる議事堂である。天井《てんじょう》まで吹《ふ》き抜《ぬ》けの議事堂は、議員だけの討議《とうぎ》の場だけでなく、ミサをおこなう礼拝堂《はいどう》も兼《か》ねていたという。

隣接《りんせつ》するホールへと足を運ぶ。サロンふうの部屋だが、ここは天井の全面が色あざやかなステンドグラスだった。樫の大木の前で聖書《せいしょ》を持つ長老が描《えが》かれ、その下には農民や漁民、鉱山《こうざん》労働者像《ぞう》が配置されている。それらの人びとの労働によって、バスク地方の自治は支えられるということか。

さて、その自治のシンボルともいうべき問題の樫の木は、議事堂脇《どうわき》の柱廊《ちゆうろう》前にすっくと伸《の》びていた。これぞ中世以来のスペイン国王が、ビスカヤ地方の独立と特権擁護《とつけんようご》を宣誓《せんせい》した「聖なる木」である。

もっとも、実は二代目であって、六百年来からの初代樫の木は今では太い黒ずんだ幹《みき》だけになってしまい、少し離れた場所に保存《ほぞん》されている。石造りの屋根を八本の石柱で支えたなかにあるそれは、いかにも厳《おごそ》かな感じに見えた。一本の木がこんなにも尊重《そんちょう》されるのは、ちょっと信じがたいことだが、「聖なる木」は自治の象徴というにとどまらず、この丘の上から徹底的《てっていてき》に爆撃された町並と、炎のなかの阿鼻叫喚《あびきょうかん》地獄《じごく》とを見つめていたことだろう。

などと思いを巡《めぐ》らしながら、犠牲者《ぎせいしゃ》のモニュメントを見て歩くうち、突然《とつぜん》あたりの静寂《せいじゃく》を震《ふる》わせるように鐘の音が鳴《な》り響《ひび》いた。

「あ、あれはサンタ・マリア教会?」

とっさに、私は口にした。

昨夜読んだばかりの資料で、最初に空襲を知らせたのは同教会からだった、と記述《きじゅつ》されているのを思い出したからである。三回連打が空襲警報だった。

ルイス氏は、そうだ、そうだと、大きくうなずいた。腕時計を見ると午前一一時だった。鐘の音は一カ所からではなく、町なかの各所から一斉《いっせい》に響《ひび》いてくる。気のせいか、心に深く滲《し》み渡《わた》るような悲しみにみちた音色である。

議事堂のある丘から降《お》りてきた道の角に、鐘の出所はあった。まだ壁《かべ》に弾痕《だんこん》だらけのサンタ・マリア教会の被害は甚大《じんだい》だったが、レンガを積み上げた外郭《がいかく》だけは残り、戦後になってから修復《しゅうふく》されたという。当時としてはおそらく町一番の高い建造物で、特徴のある三段構《だんがま》えの尖塔《せんとう》が紺青《こんじょう》の空に刺《さ》さっていた。山の彼方《かなた》から来襲《らいしゅう》する敵機を監視《かんし》するには、絶《ぜっ》好の場所だっただろう。

爆撃計画の最初の目標とされたのは、ムンダカ川にかかるレンテリア橋だった。そこもぜひ見ておきたいと思う。

町の東南に面していて、歩いていくのには距離があるが、車ならほんの一息である。橋が交通の要《よう》衝《しょう》になるのはいうまでもないが、なぜか無傷のままに残された、と資料にある。

しかし、これはあっけないほどつつましいというか、小ぢんまりとした橋だった。大体、ムンダカ川そのものが農業用水ほどの川幅《かわはば》でしかなく、底が見えるほどに水量も少ないのだ。橋の欄干《らんかん》や街灯などは昔なじみのものだが、延べ四〇機以上ものコンドル軍団が狙《ねら》い撃《う》ちにしたとは考えられなかった。いくら小さな橋とはいえ、無防備な町なのだから、本気でかかれば爆弾数発ですんだことだろう。反乱軍は後の占領に備えて、ここを確保《かくほ》する必要があったのではないのか。レンテリア橋を目標にしたというのは、実は表向きの口実であって、爆撃はもっぱら町そのものを焼きつくし、民間人を殺傷《さっしょう》することにあったのだ、と思わざるをえない。

爆撃されたゲルニカ町。右奥にサンタ・マリア教会の尖塔が見える

夏季だけの爆撃展

再《ふたた》び庁舎《ちょうしゃ》に戻《もど》って、開催中のゲルニカ爆撃展を見る。入場料は一五〇ペセタ（一五〇円弱、一九九七年当時）で安い。負傷した老人の、顔中血まみれになった写

真入りのチケットだった。私のは一万四千いくらのナンバー入りだったので、もうそれだけの人が見たということだろうか。だとすれば町の人口の八割《わり》以上になる。

展示《てんじ》は、ゲルニカ町の成り立ちを第一室にして、七つの小部屋で構成されていた。最初に贈呈《ぞうてい》された写真集でも感じたことだが、町の惨状を伝える写真は、ここでもきわめて豊富《ほうふ》である。爆撃前の町の静かな全景からはじまって、いくつかの通りごとに爆撃前と後との対比《たいひ》になっているのがわかりいい。

爆撃の特徴として、爆弾攻撃のあと、多量に投下された一キロ級エレクトロン焼夷弾が恐ろしい威《い》力《りょく》を発揮《はっき》し、火災《かさい》を広範囲《こうはんい》に拡大《かくだい》したというのは、やはり思った通りだった。東京大空襲の場合と同じに、火と風は一体になって激《はげ》しい乱気流《らんきりゅう》状態を発生させ、大火災は破壊をまぬがれた家屋を端《はし》から端までなめつくしていったのだ。

結局、町の七〇％の家屋が失われた、ということになる。チケットに出ている老人の写真もあったが、説明をすぐにメモした。杖《つえ》を片手《かたて》に血まみれの老人は、買いものに出た孫を案じて焼土《しょうど》をさまよったが、ネズミ一匹《ぴき》生きてなくて、どうやって探《さが》したものかとへたり込《こ》んだままだという。

さらに直撃を受けた二つの防空壕の場所と、死亡《しぼう》者リスト、投下された爆弾と焼夷弾の性能《せいのう》と、機銃掃射の跡《あと》などの四〇枚《まい》ほどのパネルのほか、遺品《いひん》なども展示して、最後が町の破壊焼失《しょうしつ》地図になっている。町の中心部は、赤一色でべったりと塗《ぬ》りつぶされていた。

人口一万人にも足りなかった小さなひなびた町は、数時間後に、残煙たなびく瓦礫《がれき》の原と化したのだった。

階段《かいだん》を上がっていった最上階は、特別展示である。ピカソの「ゲルニカ」と、その大作までのスケッチやら、ゲルニカ爆撃に関する新聞報道《ほうどう》や書籍《しょせき》、記念品や、国際的《こくさいてき》な反響《はんきょう》を伝える諸資料《しょしりょう》を見ることができる。

「パブロ・ピカソは、爆撃の実態と悲惨《ひさん》さとをもっとも広く世界に知らせ、歴史の真実を明らかにするために貢献《こうけん》した。その芸術《げいじゅつ》を通して平和と自由のためにたたかい、戦争否定《ひてい》の回答を与えたのである」

と、短い解説《かいせつ》ではあったが、最大級の賛辞《さんじ》を与えている。ピカソが生きていて、これを見たらどんなに喜んだことだろう。

このゲルニカ爆撃展を広島・長崎《ながさき》の原爆資料館《げんばくしりょうかん》と比べるつもりはないけれど、小規模ながらよくまとめられているのに、私は感銘《かんめい》を覚えた。それなのに、といおうか。一〇万人もの下町庶民《しょみん》の生命が失われた東京に、まだ公立の資料館一つないのを、どう考えたらよいのか。

一度しかないチャンスなら、ほんとはもっとゆっくり見たかったのだが、やはり時間切れだった。

というのは、私のためにせっかく来てもらった体験者が、さっきから待ちくたびれているとのこと。それならそれで、先に知らせてくれれば、順序《じゅんじょ》を逆にすることもできたのだが、なにしろ言語の不自由さから、思わぬ意思の疎通《そつう》も生じる。

「やあ、やあ、すみません」

と、あわてて会議室へ飛《と》び込《こ》んだ。

体験者は三人だった。気さくな感じの方々でホセ・マリア・クエンダ氏、男性《だんせい》七二歳《さい》と、二人の女性《じょせい》で、マリカ・ラサガさん七四歳に、マリエ・アルダーナさん六八歳だった。

爆撃当時の年齢《ねんれい》はみな幼《おさな》くて、ホセ氏一三歳、マリアさんが一五歳、マリエさん九歳となる。家族一同なんとか逃げのびることができて、身内から犠牲者を出していないのが共通した特徴だった。

三人の体験者は語った

順番にお話を聞くことにする。

ホセ氏はあの日あの時、一瞬《いっしゅん》にして住居を失った。一時ビルバオの叔母《おば》宅に避難したが、戦争が日増《ひま》しにひどくなっていたたまれず、船でフランスへ渡ったという。約二年間を外地で過ごしたが、どさくさの混乱《こんらん》中に家族とはぐれてしまった。父は前線に出ていた。

「わしは外へ出てしまったから、まだよかったほうだが、町にとどまっていたら家も食糧もなく、一体どうなっていたことかな。何が辛《つら》かったかって？　そりゃ、あんた、すべてだよ。戦争ってもんはそういうもんなんだ。とにかくひどかったとしか、言いようがないね」

次のマリアさんは、当時も現在も同じ場所に住んでいるが、たまたま市内からやや離れていたので、爆撃の被害はまぬがれた。爆撃よりも、ズドンズドンと撃《う》ち込《こ》まれる砲撃《ほうげき》のほうがこわかった。だが、もっと恐ろしかったのは、すぐ町なかへ侵入してきたドイツ、イタリア軍とモーロ人（モロッコの回教徒を組織《そしき》した外人部隊）で、特に野蛮《やばん》なモーロ人が最前線だった。

「かれらに連れていかれたら、それこそ何をされるかわからず、年頃《としごろ》になりかけていましたからね。不安で不安で、夜も眠《ねむ》れませんでした。無事だったのが不思議なくらい。その後は町なかの教会や兵《へい》舎《しゃ》などの掃除婦《そうじふ》になり、生きた心地《ここち》もしないような毎日でしたよ。友達も知り合いも大勢死んでしまって……。昨日のことみたいね」

三人目のマリエさんは、まだ小学校に上がったばかり。父はいなかった。やはり市内からやや離れた農家に祖父母《そふぼ》と叔母が避難していたので、そこに身を寄《よ》せていた。爆撃開始と同時に家から飛び出して逃げた。山まで行くゆとりはなかった。

「防空壕のなかで、じっと息をひそめていたのを思い出しますね。爆撃後の町は、もう町じゃなくて、兵隊がいっぱい来てました。とても近づけるような空気じゃなかったの。だから、爆撃でやられた死体などは見てないけれど、なにしろもうメチャクチャでしたよ」

爆撃から三日後の四月二九日朝早く、反乱軍たちは無傷のレンテリア橋を渡って、瓦礫だらけの焼土に侵入、午前一〇時三〇分、丘の上の議事堂にフランコ総統旗《そうとうき》が上げられた。すでに住民の大半はビルバオへ避難し、町に残っていたのは焼け跡《あと》に身内の遺体《いたい》を掘《ほ》り出したり、行方《ゆくえ》不明者を探《さが》し求《もと》める人くらいなものだった。

反乱軍がやった最初の仕事は、厳重《げんじゅう》な報道管制《かんせい》と、爆弾穴《あな》など空爆《くうばく》の跡を隠蔽《いんぺい》し、数カ所にガソリンを散布《さんぷ》して、この破壊は退却《たいきゃく》する「アカ」たち人民戦線派《は》の放火によるものと工作したことだった。事実フランコ軍司令部は、五月五日にそう新聞発表した。

家を焼かれたうえ町を占領されて、遠く海外まで逃げのびた人びとは多かったが、ホセ氏のように故郷《こきょう》に戻れた者は、ごくわずかでしかない。フランコ独裁政権が、その後三十余年も続いたからだ。現在、この三人を含めて町に住む体験者はたった五人でしかなく、最高齢の八六歳ともう一人はもはや証言は無理な体調だと、これは町役場側の説明だった。

「あのぅ、当時のことを、お子さんやお孫さんに語っていますか」

最後に、私はホセ氏に聞いてみた。氏は大きなジェスチャーを交えて、笑いながら、

「だめだだめだ。息子《むすこ》にしても孫にしても、聞くのはいやだと言うんだよ。ま、楽しい話じゃないから、仕方ないがね」

「でも、伝えることは必要だと？」

「そりゃそうだよ。ヒロシマだってそうだろ。過去《かこ》は忘れちゃいけない。忘れたらまた繰《く》り返《かえ》されるからな。だから展示会《てんじかい》にも子どもたちがグループで来ておる。むろん先生に連れられてだがね」

「いまヒロシマの話が出ましたが、日本ならびに日本人には、どんな印象がありますか」

「わしとしてはだ。あの当時、日本はドイツ、イタリアと手を組んでいた。三国同盟《どうめい》を結んだことが、頭に残っているので、なんとなくやだな。申《もう》し訳《わけ》ないが、すっきりとは割《わ》り切《き》れんのだよ。ドイツ人なんか、顔も見たくないさ」

ホセ氏のひと言は、ぎくんと私の胸《むね》を衝《つ》いた。

ゲルニカ爆撃の体験者３人（右側）に取材する作者（左から2人目）

そういえばそうだった。第一次、第二次世界大戦で中立政策《せいさく》をとったスペインは、他のヨーロッパ諸国《しょこく》のように、ドイツやイタリアの侵略《しんりゃく》とその軍靴《ぐんか》で蹂躙《じゅうりん》されることはなかったから、つい気を許《ゆる》していたのだが、これはうかつだった。もしドイツ、イタリアの物心両面からなる加担《かたん》協力がなければ、フランコ将軍ら軍部のクーデターは初期のうちに潰《つぶ》されて不発に終わっていただろうし、もちろんゲルニカ爆撃もなかったはずである。

そればかりではない。ゲルニカ爆撃より約半年後の一九三七年一二月一日、日本政府は共和国政府と国交を断絶《だんぜつ》して、いち早くフランコ政権を承認《しょうにん》している。反乱軍側についたのだ。イギリス、フランスよりも一年以上も前にである。ホセ氏のいう「なんとなくやだな」のひと言は、その傷痕《きずあと》と日本人が決して無関係でない歴史的事実に、鋭《するど》い一矢《いっし》を放った感じだった。日本人として、忘れてならない大事な指摘《してき》だと思う。

「語りたいことはいろいろあったが、思い出すのもしんどくて、胸につかえるんだよ。だから言葉にならなくてね。でも、よく来てくれた。ありがとう！」

ホセ氏はそう言って、私の肩《かた》に親しく手を回し、二人の女性とともに出口まで送ってくれた。送り出すのは私のほうだろうに、三人の温厚《おんこう》な笑顔《えがお》がずっと心に残っている。

6　トレホン米軍基地《きち》は撤去《てっきょ》された

現在《げんざい》から未来への接点《せってん》

ゲルニカ町の取材を終えて、またマドリードへと舞《ま》い戻《もど》った。

ほっと一息といきたい心境《しんきょう》だったが、最後にもう一つだけ追加したいところがあった。マドリード近郊《きんこう》のトレホン基地が、いま現在どうなっているのかということである。

それは、スペインの現在から未来を結ぶ平和問題と密接《みっせつ》な関係にあるはずの、米軍基地の現状《げんじょう》を確認《かくにん》することでもある。同じ米軍基地を一四三カ所も持ち（一九九七年当時）、沖縄《おきなわ》の米兵による痛《いた》ましい少女暴行事件《ぼうこうじけん》からちょうど一年、米軍基地問題を巡《めぐ》ってかつてなく揺《ゆ》れ動《うご》いている日本と比《くら》べたら、スペインはどこにどんな違《ちが》いがあるのかを現地《げんち》で知ることができたらと思う。

これまでの旅では、ずっと半世紀以上前のことを調べてきたわけだが、現在から未来への接点も少しは見届《みとど》けておきたいと思う。

事前に入手した資料《しりょう》によれば、トレホン米空軍基地はマドリードの東北一八キロのトレホン・

デ・アルドス市にあった。市内とはいえ、同市の面積の三分の一の一三万平方キロ（横田基地の約二倍）を占《し》めていて、四二〇〇メートルの滑走路《かっそうろ》二本に、配備《はいび》されたF16戦闘爆撃機《せんとうばくげきき》は七二機である。すなわち第四〇一戦術《せんじゅつ》戦闘航空団《だん》であるが、F16は核攻撃《かくこうげき》もできる。「南欧《なんおう》における最大の戦術核配《かくはい》備《び》システム」といわれたゆえんである。ただし、核兵器《かくへいき》があるかどうかは最高の軍事機密《きみつ》だから、これまでその所在地《しょざいち》が公表されたためしはない。しかし、核兵器はすぐ使える状況《じょうきょう》に――が、アメリカの戦略《せんりゃく》だということだ。

スペインにはほかに、代表的なものだけでもサラゴサとモロンの空軍基地と、ロタ海軍基地があるが、トレホンはその機能《きのう》や規模《きぼ》からいっても、まさに地中海域《いき》最大の米軍基地だった。

ところが、スペインの米軍基地は、この十年ばかりのあいだに大きく変貌《へんぼう》したのである。トレホンのF16機は一機残らずすべて姿《すがた》を消してしまい、各基地の駐留《ちゅうりゅう》米軍数は、一九八三年と九六年度を比べ、トレホンは約五二〇〇人から約一〇人の支援《しえん》要員に、サラゴサは約二五〇〇人から駐留なしの〇、モロンは約四〇〇人が約五〇人、ロタは約五八〇〇人が約三二〇〇人にと激減《げきげん》（『朝日新聞』96・3・15）している。

とりわけトレホン基地の場合、わずか一〇人ほどの支援要員しかいないとすれば、それは残務処理《ざんむしょり》にちがいなく、サラゴサ基地と並《なら》んで米軍の完全撤去といえるのではないだろうか。スペイン全体からみても、米軍基地の驚《おどろ》くべき縮小《しゅくしょう》であり撤収《てっしゅう》である。

なぜ、そんなことになったのか。

スペインがアメリカとの軍事協定を結んで、各地に米軍基地が出現《しゅつげん》したのは一九五三年、フランコ独裁政権《どくさいせいけん》時代だった。当時はファシズム体制《たいせい》で国民が政治《せいじ》に介入《かいにゅう》できるような余地《よち》はなかったから、名目は「共同使用基地」ではあったものの、国民感情《かんじょう》としては一方的に押《お》しつけられたものと受け取られた面が強く、フランコ総統《そうとう》の死後、独裁政権と協定したアメリカへの反発が一挙に噴出《ふんしゅつ》したのだった。

その直接的《ちょくせつてき》な引き金となったのは、社会労働党《ろうどうとう》政権が八六年に実施《じっし》した、北大西洋条約機構《じょうやくきこう》（NATO）にとどまるかどうかの国民投票である。同党はNATO参加を決めた前政権《ぜんせいけん》をするどく批判《ひはん》して勝利したのだが、与党《よとう》になってみるとNATOからの脱退《だったい》は現実的《げんじつてき》でないとして、にわかに方針《ほうしん》変えをしたのである。

日本でもよくある話だが、国民世論《よろん》はそれを許《ゆる》さなかった。基地撤去とアメリカとの協定廃棄《はいき》を要求する数万人ものデモや集会が回を重ね、政府《せいふ》は国民の怒《いか》りと不満の声をかわしきれずに、改めて信を問うことになったのだった。

国民投票の結果を前面に

国民投票の政府案内容《ないよう》は、①スペインはNATOに加盟《かめい》はするが統合《とうごう》軍事機構には入らず、独自《どくじ》の指揮権《しきけん》を保持《ほじ》する、②領土内《りょうどない》への核兵器の保有《ほゆう》、配備、持《も》ち込《こ》みを禁止《きんし》する、③米軍基地を大幅《おおはば》に削減《さくげん》する、の三点だった。投票結果は政府案が反対の四〇％を上回って、五三％の支持《しじ》を獲得《かくとく》した。

きわどいところでNATO残留《ざんりゅう》が決まったわけだが、その後の社会労働党政権にとっての難問《なんもん》は③だった。米軍基地の「大幅削減」というからには、多少の手直し程度《ていど》で色をつけたぐらいではおさまらない。引くに引けなくなった政府の対米交渉《こうしょう》は難航《なんこう》したが、政府側にとって特に譲《ゆず》れなかったのは、トレホン基地からの米軍撤収だった。

トレホン基地は首都の鼻先にあって、そこに米軍基地が睨《にら》みをきかせていることは、スペインの対米従属《じゅうぞく》関係を象徴《しょうちょう》するものだったからである。八〇年代には、「基地を追い出せ運動」で反核《はんかく》・反基地の十万人ものデモが、何度も繰《く》り返《かえ》し基地を包囲したニュースを、私《わたし》もまだ記憶《きおく》している。

結局、アメリカは折れざるを得なかった。国民投票の結果を前面に押《お》し出して、したたかに迫《せま》った社会労働党政権のねばり勝ちになったのだった。八八年一二月、両政府間の合意文書が取《と》り交《か》わされて、F16機をはじめ駐留米軍は段階的《だんかいてき》に撤去をはじめ、三年後の九二年五月にトレホン米軍基地は閉《へい》鎖《さ》されるに至《いた》る。スペイン全体の駐留米軍兵力は、九五年度で海軍と空軍合わせて約四九〇〇人に減《げん》少《しょう》した。特に空軍が激減したのだった。

しかし、その背景《はいけい》には、ヨーロッパ全体の政治軍事情勢《じょうせい》の大変化を見逃《みのが》すわけにはいかない。八九年のベルリンの壁《かべ》の崩壊《ほうかい》から、NATOと全面対決していたワルシャワ条約機構や、ソ連邦《れんぽう》の解体《かいたい》など、米ソの冷戦構造《こうぞう》が消滅《しょうめつ》し、国防費《こくぼうひ》を削減せよの世論に、アメリカは国内はもちろんのこと世界各地で、軍事基地の撤去・閉鎖・縮小を余儀《よぎ》なくされたのである。

しかし、日本だけは例外だった。

広大なトレホン米軍基地

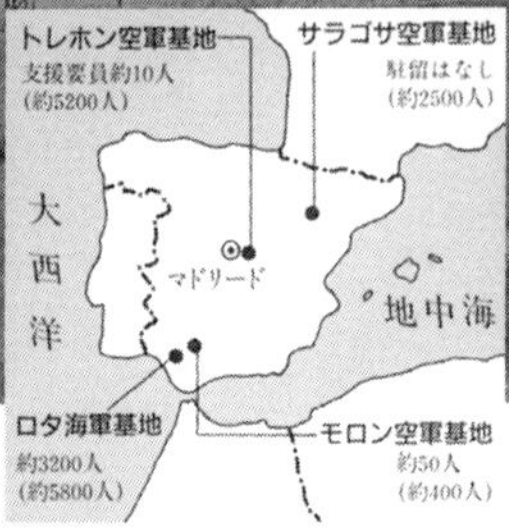

スペイン主要基地での駐留米軍の変化（数字は1996年駐留米軍人数、カッコ内は83年。米軍駐留定員などから推定。駐留を認めている基地も冷戦終結で規模が縮小された。『朝日新聞』'96.3.15から作成）

在日《ざいにち》米軍兵力は約四万二七〇〇人（うち沖縄に約三万人）だが、一兵の削減もなく、九六年度予算ではその駐留経費《けいひ》の七〇％に当る六三八九億円を日本政府が負担《たん》している。米兵一人当りにすれば約一五〇〇万円となる。

アメリカは日本以外のほとんどの国では高額《こうがく》の使用料を払《はら》って基地を維持《いじ》してきたから、かなり周囲に気をつかって「置かせてもらっていた」のに対し、日本の場合は開き直って「置かせてやっている」といえるかもしれない。沖縄では米軍基地の整理・縮小の是非《ぜひ》を問う県民投票がおこなわれたが、前記の米軍駐留経費をもし阪神大震災《はんしんだいしんさい》の被災《ひさい》者《しゃ》に回せば、一人当り約五〇〇〇万円になるとは、なんとも考えさせられる数字ではないだろうか。

それでは、トレホン基地は、いまどんな具合になっているのだろう。

F16戦闘機《せんとうき》がイタリアに移行《いこう》したあとは、その一部が当面の処置《しょち》として、スペイン空軍専用《せんよう》基地になったのは知っているが、これから先どうするかについては、市の当局者から聞くのにかぎる。

あいにくの日曜日だったが、事前に連絡《れんらく》をしたところ、市当局の副市長さんが特別に会ってくれるというのは願ってもない話だった。

基地は荒涼《こうりょう》とした原野に

さっそくに車を走らせて、現地へと向かう。

マドリード市内の渋滞《じゅうたい》を抜《ぬ》ければ、のどかな農地と草原地帯だが、遠方の小高い山脈まで一望に見渡《みわた》せるのは、路上に看板《かんばん》などがまったくないせいだろうか。トレホン市に入る。かつては山の上にも米軍基地センターがあったはずだ。交信基地である。車はものの二〇分足らずで、広大な滑走路の端《はし》まで来ていた。なるほど、これは近い。距離的《きょりてき》には私たちの到着《とうちゃく》したバラハス国際《こくさい》空港よりも、もっと近いようである。

あいにくと小雨《こさめ》が降《ふ》り出してきて、現在はほとんど人気のないトレホン基地は、月《げつ》世界のように荒涼とした原野だった。盛夏《せいか》だというのに、草花がほとんど見あたらないのが、なんとも異様《いよう》だった。

基地は撤去されれば、すぐそのまま農地や住宅地《じゅうたくち》になるものではないという。変圧器《へんあつき》のＰＣＢや、建材として大量に使用されたアスベストに、さまざまな化学物質《ぶっしつ》や残留火薬の汚染《おせん》は信じがたいほどで、高額の清掃《せいそう》経費がかかるという記事を読んだことがある。ここもまた共通する深刻《しんこく》な汚染問題を抱《かか》えているのだろうか。

基地と隣《とな》り合わせの町、トレホン・デ・アルドス市の庁舎《ちょうしゃ》に着いた。

私たちを迎《むか》えてくれたのは、サビーノ・オジェド・トーレス副市長である。まるで娘《むすめ》のような若々《わかわか》しい夫人同伴《どうはん》の副市長は、キューバ革命《かくめい》のゲバラに似《に》たひげ男だったが、ピンクのYシャツに品のいい背広姿《せびろすがた》で、官職《かんしょく》というイメージからはほど遠かった。夏季休暇《きゅうか》中のしかも日曜日に、私どものためにわざわざご足労《そくろう》いただいて……と最初に感謝《かんしゃ》の気持ちを伝えると、

「なに、多少の時間を割《さ》くのは、どうってことはありませんよ。あなたたちは、はるかな遠い国から来てくださってるんですから、気にしないで気にしないで」と、言ってくれた。たいそう親しみやすい方である。

それから、副市長は先にトレホン基地の経緯《けいい》を含《ふく》めて、その概要《がいよう》を説明してくれた。私は、せっせとメモをとる。

米軍基地ができた一九五〇年代は、スペインは世界から孤立《こりつ》した国だった。第二次世界大戦後に残された数少ないファシズム体制で、フランコ独裁政権のせいである。国民はまだ貧《まず》しさから脱《だつ》し切れず、政府は基地の代償《だいしょう》としてアメリカから相当な経済《けいざい》・食糧援助《しょくりょうえんじょ》を受けていたが、それは、ある時期にはトレホン市の経済活動の二〇％にも達していたという。

スペインがやっと民主化されて、ヨーロッパ共同体（ＥＣ）に加盟できたのは一九八六年のことだった。それからまもなくしてベルリンの壁が崩《くず》れ、東西の冷戦終結が在欧《ざいおう》米軍基地の整理・縮小に拍《はく》車《しゃ》をかけた。つまり米軍が駐留する理由がなくなったので、その機能も存在《そんざい》も不必要になったという

ことだった。米軍が撤去してから地域《ちいき》経済はいろいろとマイナスが生じたが、急に経済効果《こうか》が下がらないように、ＥＣから基地をなくした都市に援助金《えんじょきん》が出ている。

しかし、基地があった時には、市内にもさまざまなトラブルが起きたし、さらに国際的《こくさいてき》な紛争《ふんそう》の一端《いったん》を担《にな》うので騒然《そうぜん》とした空気だったが、現在は静かな落ち着いた町になっている、――というお話である。

トレホン市のこれから

説明を受けたあとは、私と副市長さんとの一問一答形式になった。

「日本の沖縄では、米兵による少女暴行事件から、日米軍事同盟《どうめい》ともいうべき安保《あんぽ》条約をめぐって、今それこそ騒然となっていますが、こちらではいかがでしたか。同様の事件が起きたことがありましたか」

「私の記憶しているかぎり、六七〜八年頃《ごろ》は、何度かそんなことがありました。しかし、もともと他国の軍隊を駐留させるのは深刻な事態《じたい》ですからね。事前にそれなりの対応《たいおう》と協定ができていましたよ。特に町なかの警備《けいび》は非常《ひじょう》にきびしく、地元との紛争を極力避《さ》けるために、米軍側もかなり努力したと思います」

「日本の場合ですと、米兵による犯罪《はんざい》が町なかで起きても、かれらが基地内《きちない》に逃《に》げ込《こ》んでしまえば、警察権《けいさつけん》は及《およ》ばないのですが」

「それは、基本的《きほんてき》には同じです。ただこちらの基地内にはスペインとアメリカ両国のMPがいて、なにか問題が生じた場合、原則的《げんそくてき》には対等な立場で解決《かいけつ》することになっていました。共同使用基地ですからね。パトロールも別々にやっていました」

「こちらの基地は静かになりましたが、スペインにはロタ、モロン、サラゴサと、あと三カ所もの主要な米軍基地があったし、まだ残されています。トレホンにいた米軍兵力の一部は、ロタ基地に移行したのではありませんか」

「いや、米軍基地の大幅な縮小・削減は、スペインだけではなくて、ヨーロッパ全体の流れですよ。トレホンに配備された戦闘機はイタリアへ行きましたが、それも全部ではありません」

「ご存知《ぞんじ》でしょうが、フィリピンでは議会の決議によって、米軍基地のすべてが撤去されました。しかし、基地のあるあいだは、アメリカから多額《たがく》の援助があったと聞いています。こちらではその点いかがでしたか」

「もちろんありましたが、それは直後にではなく、政府を通じて市に還元《かんげん》されるというシステムです。たとえば市内の道路通行税《つうこうぜい》として年間八〇〇〇万ペセタなどという具合に、ね」

「なるほど。そこでまた日本の例で恐縮《きょうしゅく》なんですが、日本政府は在日米軍基地の駐留経費の七〇%を負担しています。しかも東西冷戦が終わっても、こちらと違って四万三〇〇〇人もの兵力は微動《びどう》だもせず、これからずっと先まで続くわけでして、独立国《どくりつこく》にあるまじき状態《じょうたい》です」

「それで?」

「あのぅ、あなたの目から見て、ずいぶん屈辱的《くつじょくてき》だとは……」

「いやはや（と笑いながら）、ECに属《ぞく》しているわが国と、アメリカとの直接的なパイプのある日本とでは、国情《こくじょう》が違うから、同列に見るのは少し無理があるでしょう。ただこの町は、基地のできる前はすべて畑で、花々が咲《さ》き乱《みだ》れているきれいなところでした。今はガラクタだらけで、荒廃《こうはい》されつくしてしまいましたからね。代償を求めるのはむしろ当然です」

「それからもう一つ。こちらの基地が撤去されるあいだに、湾岸《わんがん》戦争が起きましたね。五年ほど前のことですが、アメリカは日本の基地からはもちろんのこと、トレホンなどスペインの基地からも出《しゅつ》撃《げき》したと報《ほう》じられています。特にB52戦略爆撃機が出撃したのはロタ基地からでした。他国に軍事的な脅威《きょうい》を与《あた》えてきたわけですが……」

「それは、ECとアメリカとの協定によるものでして、市としてここから出ていくのはやめてほしいとは言えませんでした。ただ固唾《かたず》をのんで見つめるだけでしてね」

「では最後に、これからのことについてですが、広大なトレホン基地は、どんなふうに使われるのでしょうか」

「管轄《かんかつ》は市ではなく、政府ですから、国防省《こくぼうしょう》と話がつかないことには何事も進みません。総面積《そうめんせき》の三分の二は住宅地にという意向のほか、総合《そうごう》病院、サッカー場、ゴルフ場と、いろいろな案が出ています。特にすぐ有効《ゆうこう》に使用できるのは、ヨーロッパ一と言われる滑走路でしてね。バラハス空港がもはや限界《げんかい》なものですから、国際空港にぴたりなのですが、何をするにしても経費のかかることで、目

トレホン市のトーレス副市長（左）と会見

下鋭意折衝《えいいせっしょう》中というところですよ」
「うまくいくといいですね。こちらで実現《じつげん》した米軍基地撤去の経験《けいけん》は、私たちには学ぶところが大きく、日本で知らせたらきっと勇気づけられる人も多いことでしょう。がんばってください。平和都市トレホンにぜひまた来たいものです」

＊

会談が終わったあと、庁舎前で私たちは別れたが、艶《あで》やかな夫人と手をつないで去って行く副市長の後姿《うしろすがた》は、さわやかで気持ちよかった。

トレホン・デ・アルドス市の取材をエピローグにして、今回のスペインの旅はすべて終了《しゅうりょう》した。あとはお土産《みやげ》のピカソの「ゲルニカ」の複製《ふくせい》を後生《ごしょう》大事に抱えて、一路東京へ帰ることにしよう。旅先で出会った人たちや、見たもの聞いたもの感じたことなど、さまざまな思いを反芻《はんすう》し、胸《むね》にあたためながら。……

一九九七年版《ばん》　あとがき

ゲルニカは、スペイン北部バスク地方の小さな町です。スペイン戦争さなかの一九三七年四月二六日、フランコ反乱軍《はんらんぐん》を支援《しえん》するドイツ空軍の猛爆撃《もうばくげき》によって破壊《はかい》され、市民多数が死亡《しぼう》しました。その爆撃《ばくげき》の報道《ほうどう》に衝撃《しょうげき》を受けて描《えが》いたピカソの代表的絵画が、二〇世紀の大作「ゲルニカ」です。私《わたし》はいつか機会があったら、ピカソの「ゲルニカ」も見たいし、そのテーマとされた惨禍《さんか》の町へも足を向けたいと思っていました。私が一二歳《さい》で体験した東京大空襲《だいくうしゅう》や、広島・長崎《ながさき》の原爆《げんばく》の大量殺《さつ》戮《りく》ともいうべき大規模《だいきぼ》無差別爆撃の軌跡《きせき》を振《ふ》り返《かえ》るとき、ゲルニカはその発端《ほったん》となった町といえるからです。

戦後五一年目の夏、ついに思いきってスペインへ飛びました。マドリードでピカソの大作に対面したあと、その熱い余韻《よいん》が醒《さ》めやらぬうちにバスク地方の目的地へたどり着きましたが、予想外に遠いところでした。

予想外といえば、ゲルニカ町役場のあたたかい歓迎《かんげい》も、そのなかに入ります。おまけに夏季だけの「ゲルニカ爆撃展《てん》」に巡《めぐ》り合えて、爆撃についての最新のレポートや、写真集を手にすることができたのは幸せでした。本書にその一部を紹介《しょうかい》しましたが、改めて町役場のご好意に感謝《かんしゃ》する次第《しだい》です。

さらにマドリードでは、すぐ鼻先にあったトレホン米軍基地《きち》の現在《げんざい》を見ることができました。スペインの現在から未来への接点《せってん》にも、目を向けてみたかったからです。かつてスペインのみならず南欧《なんおう》最大といわれた米軍基地が、どのような経過《けいか》で撤去《てっきょ》されるに至《いた》ったか、日本の現状《げんじょう》と重ね合わせて、学ぶべき点は小さくないはずです。

＊

帰宅《きたく》してからすぐの九月四日、アメリカ軍によるイラクへのミサイル攻撃《こうげき》が報《ほう》じられました。思えば一九九一年の湾岸《わんがん》戦争では、イラクのクウェート侵攻《しんこう》に米軍を中心とする多国籍軍《たこくせきぐん》が出撃《しゅつげき》したわけですが、今回は同国内に限《かぎ》ったことで、イラクが他国へ侵略《しんりゃく》した訳《わけ》ではありません。にもかかわらず、「潜在的脅威《せんざいてききょうい》」を口実にしての、アメリカの武力介入《ぶりょくかいにゅう》でした。

ここで注目すべきは、スペインの態度《たいど》です。アメリカがイラク攻撃に、途中《とちゅう》のスペインの基地をステルス戦闘爆撃機《せんとうばくげきき》の中継《ちゅうけい》基地にしたいと申し入れたところ、「わが国は主権《しゅけん》国家であって、植民地のように扱《あつか》われるいわれはない」と、きっぱり拒否《きょひ》されたとの報道（「エル・パイス」96・9・14）です。ためにステルス機は空中給油で、クウェートに直行したという。

このアメリカのイラク攻撃には、日本の三沢《みさわ》からF16戦闘機が、横須賀《よこすか》から空母インディペンデンスが出撃、また沖縄《おきなわ》の嘉手納《かでな》基地から八機の給油機が参加したと報じられていますが、スペインと比《くら》べてみて、なんと考えさせられることでしょうか。ゲルニカ爆撃の惨禍を二度とふたたび許《ゆる》すまじという、情熱《じょうねつ》の国スペインの心意気を見た思いを一言《ひとこと》添《そ》えて、ペンをおくことにします。

一九九七年一月　　編　者

主な参考資料

ジェラール・レニエ他監修『ピカソ愛と苦悩～「ゲルニカ」への道』東武美術館、朝日新聞社
荒井信一著『ゲルニカ物語』岩波新書
A・ブラント著、荒井信一訳『ピカソ（ゲルニカ）の誕生』みすず書房
若松隆著『スペイン現代史』岩波新書
堀田善衛著『スペイン断章～歴史の感興』岩波新書
斉藤隆著『スペイン戦争』中公新書
G・ジャクソン著、斉藤隆監修、宮下嶺夫訳『図説スペイン内戦』彩流社
ゴードン・トマス他著、古藤晃訳『ゲルニカ～ヒトラーに魅入られたスペイン都市』第三書館
編集委員会編『現代のスペイン』角川書店
川成洋著『光と影の出会い・スペイン』教育社
川成洋著『スペイン～未完の現代史』彩流社
川成洋著『スペイン～その民族とこころ』悠思社
川成洋著『スペイン国際旅団の青春～スペイン内戦の真実』福武書店
ジョージ・オーウェル著、橋口稔訳『カタロニア讃歌』世界ノンフィクション全集（37）筑摩書房
石垣綾子著『スペインで戦った日本人』朝日文庫
渡部哲郎著『バスク～もう一つのスペイン』彩流社
浅井薫著、詩集『鳥の歌～わが心のスペイン』独行社
神吉啓三編・解説『ピカソ全集⑤幻想の時代』講談社
大島博光著『ピカソ』新日本新書
井上頼豊著『回想のカザルス』新日本新書
パブロ・カザルス著、J・ウェッバー編、池田香代子訳『鳥の歌』ちくま文庫
ヘルマン・ケステン著、鈴木武樹訳『ゲルニカの子供たち』白水社

ルイス・デ・カストレサナ著、狩野美智子訳『もう一つのゲルニカの木』平凡社
T・パミエス著、川成洋・関哲行訳『子供たちのスペイン戦争』れんが書房新社
横山正美著・写真『世界の子どもたち（11）スペイン』偕成社
森本哲郎編『世界知の旅⑥情熱と光、哀愁の影スペイン』小学館
前田哲男著『戦略爆撃の思想～ゲルニカ・重慶・広島への軌跡』朝日新聞社
朝日旅の百科『世界史の舞台①』朝日新聞社
地球の歩き方（23）『スペイン』ダイヤモンド・ビッグ社
スペイン・ポルトガル平和交流団編『激闘のイベリアをゆく』日本平和委員会
『不戦』95・10～11合併号「〝ファシズムの時代〟とスペイン内戦」深澤安博、不戦兵士の会
『赤旗』96・2・4～7「外国基地だれのため」スペイン
『朝日新聞』96・3・15「沖縄⑥安保を解く」
『平和新聞』96・11・25「閉鎖される米軍基地」

旅程・資料などの協力（順不同・敬称略）
ホンダ・トラベルサービス株式会社（本多一重、相原美千代）
ゲルニカ・ルモ町
トレホン・デ・アルドス市
〈通　訳〉谷口　康
〈写　真〉山本耕二、鷹取忠治、マグナム、ＥＦＥ通信社、美術著作権協会、大正出版
〈資料など〉福山秀夫、石井陽一、梶慶一郎、上田精一、浅井薫、村上ますえ
〈翻　訳〉田悟恒雄
〈装幀・レイアウト〉梅津勝恵

イタリア・パルチザン

ボローニャ市庁舎前庭のモニュメントの横で目撃者の老婦人

第一話　ボローニャからマルザボットへ

イタリアという国

みなさん、こんにちは。

こちらの家庭教育学級には、昨年もお世話になりましたが、一年ぶりにまたお会いできて、とても幸せです。

今回は、連続三回の講座《こうざ》ということで、この夏（一九九八年）に訪《たず》ねたイタリアの反《はん》ナチ・ファシズム闘争《とうそう》にしぼって、お話をさせていただくことになりました。といいましても、たった一回きりの、それも短期間の旅です。ごく初歩的な調査《ちょうさ》と、個人的《こじんてき》な印象でしかなく、それでその国のことなどわかろうはずがありません。

ま、イタリアという国の現代史《げんだいし》と現象面《げんしょうめん》を、さらっとかすった程度《ていど》でしかないんですが、でも私《わたし》たちの日常《にちじょう》には人と人との出逢《であ》ったとたんの、一目惚《ひとめぼ》れというのもあるじゃないですか。第一印象というのも、まんざら捨《す》てたものじゃないんだと、事前のメモを用意しながら、あえて自分に何度もそう言いきかせて、図々《ずうずう》しくも……という次第《しだい》です。

さてイタリアは、地中海をのぞむ長靴《ながぐつ》の形をした国ですが、面積は日本よりもちょっと狭《せま》くて、人口は日本の約半分です。同じヨーロッパでも、峻厳《しゅんげん》なアルプス山脈をはさんでかなり南に面していますから、さんさんと陽光が降《ふ》り注《そそ》いでいて、「太陽の国」とか「光の国」とかいわれる所以《ゆえん》です。

「君よ知るや南の国……」

と、歌ったのはかのゲーテですが、八月のイタリアは、相当な猛暑《もうしょ》です。

しかし、昼間四〇度くらいあっても、私は汗《あせ》をかきませんでした。というのは、とても空気が乾燥《かんそう》していて、日陰《ひかげ》に入るとかなりの温度差なんですね。しのぎいいのです。

そのかわり、体からどんどん水分が発散していくので、湿気《しっけ》になれた日本人は、ともすると脱水《だっすい》状態《じょうたい》になります。ですから水が必要になるわけでして、旅のあいだ、一番気をつかったのは水ですね。

イタリア人は、あちらこちらにある噴水《ふんすい》を平気で飲んでますが、あれは硬水《こうすい》ですから、慣《な》れてないと無理だといわれました。とすると市販《しはん》のミネラル・ウォーターを、そのつど買わねばならないわけですが、ガス入りとガスなしと二種類《しゅるい》あります。ガス入りでは困《こま》るので、その見分けがつくのに、失敗も含《ふく》めて何日かかったでしょうか。

また水のかわりに、ジェラートと称《しょう》するアイスクリームも、しばしば口にしました。名物のピッツア（ピザ）とパスタ同様に、色とりどりで、実に多種多様です。みんな、街角《まちかど》でペロペロやっています。

ジェラートといえば、映画《えいが》「ローマの休日」で、アン王女に扮《ふん》したオードリー・ヘップバーンが、歩きながらなめたシーンを思い出します。あれはローマ市内の名所スペイン広場ですが、いまは映画で見たような屋台は一軒《けん》も出ていません。階段《かいだん》を汚《よご》すからという理由で、しばらく前から厳禁《げんきん》になったとのこと。

「日本女性《じょせい》たちが、みな真似《まね》したからですよ。例の階段でジェラートをなめれば、ヘップバーンになったような気になるんでしょうね」

とは現地《げんち》ガイド氏の、苦笑《くしょう》まじりの説明でしたが、うん、その気持ちわかるわかる、ですよね。

レジスタンスとパルチザン

このところのイタリアブームはたいへんなものでして、日本からの観光客は、年間五〇万人を超《こ》えるのだそうです。

いったい、何が人気なのか。おそらくはやりのファッションにグルメ、デザインに音楽といったところでしょうか。そして、イタリアの都市は、東京のような一極集中型ではなくて、それぞれ独特《どくとく》の文化と個性《こせい》とがあります。したがって名所旧跡《きゅうせき》だらけの町まちに、どっと各国の観光客が溢《あふ》れているせいか、都市部の物価《ぶっか》は意外に高いですね。ほぼ日本と同じくらいでしょうか。

どの街角でも見かける喫茶店《きっさてん》をバールというのですが、サンドイッチなど軽食とコーヒーをとって

ヴェローナの円形劇場

みても、やはり割高《わりだか》です。これじゃ、住んでいる人たちはたいへんだろうな、と思います。

労働者の平均賃金《へいきんちんぎん》は一五〇万リラ（約一四万円、一九九九年当時）ほどだそうですが、ボーナスなどはないんですから、決してラクじゃないはず。おまけに南北の経済的《けいざいてき》な格差《かくさ》がひどく、南の失業率《しつぎょうりつ》は、国平均一二・五％の約二倍だそうです。

そうそう、帰国したとたんでしたが、ふと広げた新聞に、ローマの名所トレビの泉《いずみ》の、おもしろい写真が出ていました。南のナポリからやってきた失業者たちが、海神と馬車の彫刻《ちょうこく》の岩によじ登って、「職《しょく》よこせ」と気勢《きせい》を上げているところ。

もともと南部の男たちは、北の「内気で無愛想」な男たちに対して、黒髪《くろかみ》で褐色《かっしょく》の肌《はだ》をした陽気な〝モテる男〟とされてきたんですが、仕事がなければ女もふり向かぬ、ということでしょうか。道理で、治安はあまりよくない。なんといってもマフィアの本場ですし、何年か前の政界汚職《せいかいおしょく》は大騒《だいそう》動《どう》でしたし、スリ、引ったくりの連中は、みなプロ級の腕前《うでまえ》とか。公的な両替所《りょうがえじょ》でも、出されたリラをその場で数えないと、しばしば不足していることがあるというんですから、油断《ゆだん》は禁物《きんもつ》です。

さて今度の私の旅ですが、観光も少しはありますが、主として第二次世界大戦下の、この国におけるレジスタンスを調べてみよう、ということでした。それは、人びとの生活に深く根をおろした民主主義《しゅぎ》や人権《じんけん》、平和への自覚と不可分《ふかぶん》の関係にあるように思えるからです。

レジスタンスとは、一般《いっぱん》に抵抗《ていこう》または抵抗運動の意味がありますが、大戦中を例にとれば、そういう呼《よ》び方《かた》をしたのはフランス人たちです。抵抗というと、外圧《がいあつ》に対しての反抗《はんこう》とも受けとれますが、イタリアの場合はもっと主体的積極的なものでして、パルチザン闘争《とうそう》とかパルチザン戦争とかいわれています。ナチス・ドイツ軍とムッソリーニのファシズム政権《せいけん》に対して、国民的な規模《きぼ》の民衆蜂起《みんしゅうほうき》だったといっていいでしょう。

およそ統制《とうせい》されることの嫌《きら》いな、戦闘力《せんとうりょく》とは不慣《ふな》れな人たちが、子どもも女性も手に手に武器《ぶき》をとって、それこそ死《し》にもの狂《ぐる》いで闘《たたか》い、連合軍の侵攻《しんこう》よりも先に、自分たちで強大なファシズムを打《う》ち倒《たお》したんですから。

日本にも、もちろんあの侵略《しんりゃく》戦争に反対した人たちはいました。しかし一九四一年、太平洋戦争の火ぶたが切られた頃《ころ》には、そのほとんどは逮捕《たいほ》、投獄《とうごく》。あるいは海外に亡命《ぼうめい》して闘いつづけた人もいたけれど、多くは重い沈黙《ちんもく》を余儀《よぎ》なくされる状態《じょうたい》でした。さまざまな形での抵抗はあっても、それは散発的なものでして、イタリアとは大きな違《ちが》いがあります。

では、戦争末期の日本でなかったものが、なぜイタリアで起きたのか。そして、それはどんな契機《けいき》で生成されて、どのようなプロセスを経《へ》て、最後の勝利＝解放《かいほう》をかちとったのでしょうか。

映画「無防備都市《むぼうび》」で

私がイタリアのレジスタンスについて、最初に関心を持ったのは、ふり返れば戦後まもなくに見た一本の映画からでした。

当時、最大の娯楽《ごらく》は映画でした。焼《や》け跡闇市《あとやみいち》の食うや食わずの時代なのに、よくもまあ、せっせと映画館通いをしたもの。好きだからの一語につきますが、映画からその国の歴史や文化、人間の生き方を感動的に追体験できたのは、得がたい収穫《しゅうかく》でした。映画ファンならではの特権《とっけん》だった、といえるかもしれません。

その名作の一つ、ロベルト・ロッセリーニ監督《かんとく》の「無防備都市」は、世界の戦後映画史《し》の幕開《まくあ》けとなった、記念碑《きねんひ》的作品です。新しいレアリズムの手法で、ネオレアリズモと呼《よ》ばれました。舞台《ぶたい》は、第二次世界大戦末期のローマ。失脚《しっきゃく》したはずの独裁者《どくさいしゃ》ムッソリーニをかつぎ上げて、傀儡《かいらい》政権を樹立《じゅりつ》したナチス・ドイツ軍は、イタリアを占領《せんりょう》下におきます。

その残虐《ざんぎゃく》なことといったら、かれらも追いつめられていたんでしょうが、まるで人間の皮をかぶった殺人鬼《さつじんき》ですね。圧政《あっせい》者を相手に表だっては動けず、地下で抵抗する人びとの悲壮《ひそう》な姿《すがた》を描《えが》いたのが「無防備都市」です。実在《じつざい》した人物がモデルだという。まるでドキュメンタリーさながらで、すさまじいほどの迫力《はくりょく》でした。

そう、現実《げんじつ》の生活を、そのまま切り取ってきたかのようなシーンの連続。手に汗を握《にぎ》るというか、まだ一〇代そこそこだった私は、その異様《いよう》な緊張《きんちょう》感に体中が金縛《かなしば》りにあったみたいで、ほとんど息もつけなかったのを覚えている。

主要な人物はといえば、荒廃《こうはい》しつくしたローマに生きる三人です。ピーナという女性は、結婚式《けっこんしき》を前にしながら、婚約者《こんやくしゃ》が連行されるトラックを追いかけて、あっというまに射殺《しゃさつ》される。それこそ虫けら同然に。……

運悪くゲシュタポ（ドイツ秘密警察《ひみつけいさつ》）の網《あみ》にかかったパルチザンの闘士《とうし》は、マンフレディです。言語に絶《ぜつ》する拷問《ごうもん》で全身血まみれになった彼《かれ》は、しかし、ひとことも口を割《わ》ることなく、ついに凄絶《せいぜつ》な死をとげるのです。

マンフレディらのパルチザンをひそかに支援《しえん》したのは、ドン・ピエトロ神父。その神父も解放と自由とを目前にしながら、反逆罪《はんぎゃくざい》で処刑《しょけい》の日がきてしまう。見せしめもあって、大勢《おおぜい》の市民たちに囲まれた刑場《けいじょう》で、神父は最期《さいご》の瞬間《しゅんかん》にこういうのです。

「立派《りっぱ》に死ぬのはそうむずかしくはない。正しく生きるほうがむずかしいのだ」

この一語に、抵抗者たちの心情《しんじょう》というか、悲痛《ひつう》な信念が凝縮《ぎょうしゅく》されていたのかもしれません。

銃声《じゅうせい》とともに、神父の首はがっくりと垂《た》れて、柵越《さくご》しに見ていた少年たちは、黙念《もくねん》と暗い街並《まちな》みへ去っていく。かれらはおそらく神父の遺《のこ》した〝むずかしく生きる道〟を選んだことでしょうが、しかし、この映画はロマン派《は》の私には、いささかきつすぎましたね。

対ドイツ軍のレジスタンスは、まさに生死を賭《か》けた闘いです。ナチによる拷問は、目をそむけるばかり。なにしろアセチレンガスまで使って、バーナーのように体を焼かれるんですから、もし私だったら、とても耐《た》えられませんよ。あ、こりゃ駄目《だめ》だ、と思いました。第一級の名作であることに異論《いろん》はないけれど、射殺されたピーナはともかくとして、マンフレディやピエトロ神父の描き方に、やや英雄視《えいゆうし》した面はなかっただろうか。

いうなれば極限《きょくげん》の状況《じょうきょう》下で、人間の尊厳《そんげん》と勇気とを問いかけた映画なんですね。そういう映画もなくてはならないかわりに、もっと一般の平凡《へいぼん》人といいますか、誰《だれ》にでもできる抵抗運動をテーマにした映画も、あっていいのではないのか。

替《か》え玉《だま》が本物に変身

そんな思いを捨てきれないでいるうちに、十年余《よ》が過《す》ぎて、私のひそかなる期待にどんぴしゃりのイタリア映画が登場しました。今度も、またまたロッセリーニ作品です。

ロッセリーニは、実に偉大《いだい》ですね。ロマン派の私まで、うーんと唸《うな》らせる映画も作ってくれるんですから。しかも、彼と並《なら》んで「自転車泥棒《どろぼう》」「靴《くつ》みがき」「ミラノの奇蹟《きせき》」など、忘《わす》れがたい名作を残したビットリオ・デ・シーカ監督が、なんと俳優《はいゆう》で主演《しゅえん》したのです。両名監督がコンビを組んだ一本きりの映画は、一九六〇年度の「ロベレ将軍《しょうぐん》」です。

やはり、大戦末期のレジスタンスを描きながら、今度はがらりと手法を変えての、変化球です。先のマンフレディのような近よりがたい闘士ではなくて、見てくれは人品卑《いや》しからざる好紳士《しんし》でも、ほんとはケチな詐欺師《さぎし》。賭博《とばく》と女に身を持ち崩《くず》した、どうしようもない男を主人公にしました。

舞台《ぶたい》は、北イタリアのある都市です。連合軍はナチと戦うパルチザン部隊を指揮《しき》するために、イタリア人の優《すぐ》れた作戦参謀《さんぼう》ロベレ将軍を、深夜ひそかに潜水艦《せんすいかん》で現地に送《おく》り込《こ》む。ところが、将軍は上陸したとたんに、あっけなく射殺されてしまうのです。

ナチは巧妙《こうみよう》だったんですね。この事件《じけん》を利用しました。服装《ふくそう》から何からニセのロベレ将軍をでっち上げて囮《おとり》にし、獄中《ごくちゆう》に入れて、パルチザン内部の情報《じようほう》を探《さぐ》ろうとする。そこで替え玉にさせられたのが、借金や重婚罪《じゆうこんざい》などで、首が回らなくなっていた詐欺師のグリマルディ（デ・シーカ）です。一〇〇万リラの賞金に目がくらんで、一時的に大役を引き受けたというわけ。

彼が刑務所《けいむしよ》に入ると、獄《ごく》中の闘士たちはロベレ閣下《かつか》がきたたきたと、大感激《だいかんげき》して湧《わ》き立つんですね。そして、秘密《ひみつ》情報を彼に渡《わた》した闘士の一人は、ものすごい拷問のあと血まみれ姿で監房《かんぼう》にかつぎ込まれてきて、自殺。さすがの替え玉も、ショックを受けます。

そのうち、ロベレ夫人から、激励《げきれい》の手紙が届《とど》く。「いつも、あなたと一緒《いつしよ》にいます。あなたのために祈《いの》ります」と。彼ははじめて自分のいかさまな人生をふり返り、ロベレ将軍と信じられ尊敬《そんけい》されたままで、闘士たちと共に死ぬ道を選ぶのがラストです。

つまり、吹《ふ》けば飛ぶようなケチな男が、ロベレ将軍になりすまして渦中《かちゆう》でもまれているうちに、いつしか本物に変身していく、というお話です。策略《さくりやく》をめぐらしたナチには、思いもよらぬ結末だったでしょうが、観客の一人である私も、何度か目頭《めがしら》をおさえながら見ているうちに、だんだんとロベレ将軍になっていくような気になるんですから、不思議です。

替え玉が本物になる。そこにヒントを得た私は、一案を考えました。

ある町に、でれでれしている若者《わかもの》たちがいます。かれらはラーメン屋の娘《むすめ》に首ったけになり、娘の気を引くために、町の権力《けんりよく》とカッコよく闘う物語です。いつのまにか町民の支持《しじ》を得て、不条理《ふじようり》を撃退《げきたい》する。『小麦色の仲間たち』という長編《ちようへん》でした。

それを読んだ某女優《ぼうじよゆう》が、ぜひ映画化したいといってきて、お会いしました。誰《だれ》あろう、吉永小百合《よしながさゆり》さんです。もしかしてもしかすると……と胸《むね》をときめかせたのですが、現実は小説のようにはいかず、映画化もシナリオだけでチョン。ああ、なんたることか、残念無念！

人間性《にんげんせい》と社会正義《せいぎ》と

話がちょっと脱線《だつせん》しましたが、私が「ロベレ将軍」から、人間の生き方について、深く考えさせられたくだりがあります。

映画のラスト近くです。北部の町ミラノで、ナチの幹部《かんぶ》一人がパルチザンに殺され、その報復《ほうふく》で、適当《てきとう》に選ばれた一〇人が処刑されることになる。ナチは、しばしばそういうことをしたんですね。たまたま闇《やみ》商売で、運悪く引っかかり、地下活動家やユダヤ人と獄に投げ込まれた男が、恐怖《きようふ》のあまり金切声《かなきり》で喚《わめ》き出すのです。

「おれはレジスタンスの一員でもなければ、ユダヤ人でもない。何もしなかったのに、なんでこんなひどい目にあわなくちゃいけないのか」と。

すると、元銀行員だった活動家の一人が、さとすようにこういう。

「何もしなかったって？　戦争が五年も続いていたというのに、何もしなかったのが、あなたの罪《つみ》だ」

「じゃ、そういうあんたは何をしたんだ？」

「取るに足らない義務《ぎむ》をはたしただけですよ、ほんの少しだけ。でも、もしもみんながそれぞれの義務をはたしていたら、こんな世の中にはならなかっただろうし、私たちは、こんなところにいなかったはずです」

それを替え玉も、うしろのほうでじいっと聞いているんですね。もちろん彼はファシズムや戦争がどうなろうと知ったことじゃなく、そうした社会の動向に対しておよそ無関心というか、他人事と思っていた一人でした。いや、闇商売人どころか、もっとろくでもないことに、うつつを抜《ぬ》かしていたのです。

社会が、だんだんと暗い方向に傾斜《けいしゃ》していく時に、中立なんてあり得ないのです。自分ではまんなかのつもりでいても、沈黙は容認《ようにん》と同じで、悪いやつらの思うつぼにはまるということ。何もしなかったのがあなたの罪だ、という一語は、昔も今も変わりなく、私たちの人生に鋭《するど》く問いかけるものが

ナチ親衛隊の訓練風景

あります。

替え玉のグリマルディは、ぎくんとするほどこたえたんでしょうね。

いよいよ一〇人の処刑の日がきました。グリマルディは、ナチ将校《しょうこう》の制止《せいし》をふりきって、銃殺《じゅうさつ》される一一番目に並《なら》び「イタリア万歳《ばんざい》！」の声を残して、一斉射撃《いっせいしゃげき》のなかに倒《たお》れるのです。いかさま師《し》は、最期の瞬間にナチを裏切《うらぎ》って、いかにもロベレ将軍らしく毅然《きぜん》と、銃殺隊をにらみすえるのでした。ナチ将校の驚《おどろ》きと狼狽《ろうばい》のほどが、察せられるではありませんか。

威厳《いげん》にみちた主人公のその顔は、デ・シーカが俳優としても第一人者だったことを教えてくれたわけですが、私はこの映画で、ドラマの背景《はいけい》になっているパルチザンへの認《にん》識《しき》を新たにしました。

「無防備都市」の場合は、ローマ市内が舞台だったせいか、まだまだ少数派の抵抗のようにも思えたけれど、イタリア北部では国民解放委員会の指導《しどう》のもとに、軍事面でも大《たい》衆的《しゅうてき》な支持を得て、ドイツ軍たじたじのゲリラ戦を展開《てんかい》していたんですね。

もちろん、この時期の南部は、連合軍の勢力《せいりょく》下にあったわけです。したがって、問題は中部から北部にかけての解放が焦点《しょうてん》だったわけですが、各地にいくつもの旅団《りょだん》、師団《しだん》を編制《へんせい》するほどの戦闘《せんとう》力となっていたイタリアの抵抗運動は、人間性と社会正義の面からも、歴史の一コマに記録されていいのではないでしょうか。なにしろ、吹けば飛ぶようないかさま師をも、その人生観《かん》を一変させるほどの力量を持っていたんですから。

ファシズムの台頭

では、レジスタンスは、どのように生まれて、パルチザン部隊へと移行《いこう》していったのか。ちょっと歴史をふり返ってみましょう。

イタリアというと、かの独裁者《どくさい》ムッソリーニを連想する人が少なくないはずですが、ムッソリーニが権力を握《にぎ》ったのは、意外に古いんですね。一九二二（大正一一）年です。翌年《よくねん》が日本の関東大震災《だいしんさい》です。ドイツでヒトラーが首相《しゅしょう》の座《ざ》につき、ナチの時代に突入《とつにゅう》したのは、それより一〇年ほど後だから、ファシズムの歴史ということでは、ムッソリーニのほうが先輩格《せんぱいかく》になるわけです。

イタリアのファシズムは、ナチズムの原型だったといわれています。たとえばムッソリーニの称《しょう》号《ごう》はドゥーチェ（統帥《とうすい》）でしたが、ヒトラーはこれをちゃっかり借用してフューラー（総統《そうとう》）というのでも、両者の関係がわかります。ナチズムの台頭にムッソリーニは、間接的《かんせつてき》に手を貸《か》していました。

といっても、情熱的《じょうねつてき》で野心家のムッソリーニよりは、鉄面皮《ぴ》の策略《さくりゃく》家ヒトラーのほうがはるかにうわ手でして、後のムッソリーニは、策略家にまんまと乗せられて完全にギブアップしてしまうのですが。……

しかし、一九二〇年代初めに、イタリアでなぜファシズムが発生したか。私は第一次世界大戦（一九一四～一八年）による政治《せいじ》、経済《けいざい》を含めた一大パニックが、引き金になったのだと思います。当時のイタリアは戦争で国家財政《ざいせい》が大破綻《はたん》し、まさに「満身創痍《まんしんそうい》」の状態。戦死者は六七万人を数え、戦《せん》傷者《しょうしゃ》は一〇〇万人近く、ようやく生還《せいかん》した兵士たちを待っていたのは、すさまじいインフレと失業、食糧難《しょくりょうなん》の生活苦でした。

復員兵《ふくいんへい》の主力は農民でしたから、かれらは都市部の資本家《しほんか》や労働者たちが、自分たちを圧迫《あっぱく》しているんだと思いこむようになり、それがファシスト運動のバネになったのです。

時あたかも、ロシア革命《かくめい》の直後だということに、注目していただきたい。資本家と大地主たちは、革命が飛び火してくるのを恐《おそ》れて、各地に頻発《ひんぱつ》する社会運動に警戒《けいかい》感を強め、ファシスト党《とう》に資金《しきん》を与《あた》えて、スト破《やぶ》りや農民組織崩《そしきくず》しに使うようになりました。ムッソリーニを中心とするファシスト党が急成長していったのは、そうした特別な支援と軍資金《ぐんしきん》がつぎ込まれたこと。さらに無力な政治に対する国民の不満やいらだちが、渦巻《うずま》いていたからだといえましょう。

ムッソリーニ自身は、もともとは社会党の活動家だったのです。しかし、特権《とっけん》階級の支持を受けて政権を握るや、たちまち反資本主義《しゅぎ》から反社会主義へ、がらりと豹変《ひょうへん》します。思えばナチズムもそうでした。かれらは当初は三反主義《さんはん》（反資本主義、反共産主義、反ユダヤ主義）を掲《かか》げて、第一次世界大戦でひどく落ち込んでいた国民を、幻惑《げんわく》していったのです。

ファシズムは、常《つね》にそうした幻想《げんそう》をふりまきながら、窮乏《きゅうぼう》下にあえぐ人びとを引きつけていくんですね。資本主義も悪いが共産主義もいかん、とか言ってまかり出てくるもんですから、最初のうち、人びとは容易《ようい》にその正体を見抜《みぬ》けなかったんではないか。

気がついた時には後のまつりで、ファッショ独裁体制《たいせい》は、もはやゆるぎのないものになっていたというわけです。

ムッソリーニとヒトラー

しかし、イタリアは労働運動をはじめとして、民主主義の諸勢力《しょせいりょく》は、非常《ひじょう》に強かったんですね。巻《ま》き返《かえ》しの機会はないではなかった。なのに、民主勢力の足並《あしな》みが揃《そろ》わなかったこと、さらに日本の特高警察《とっこう》並みの暴力的《ぼうりょくてき》な大弾圧《だいだんあつ》とが加わって、やがてファシスト一党独裁制《いっとうどくさいせい》となったのが、一九二五年。ほどなくして世界経済恐慌《きょうこう》の到来《とうらい》です。

ムッソリーニは、津波《つなみ》のように押《お》し寄《よ》せてきた経済危機《きき》の解決策《かいけつさく》を、外国に対する侵略政策《せいさく》に求める。それが三五〜三六年のエチオピア戦争です。日本・ドイツに続いて国際連盟《こくさいれんめい》を脱退《だったい》。力ずくでいけば何事も解決《かいけつ》するとばかりに、引きつづき三六〜三九年には、スペイン戦争へ武力介入《ぶりょくかいにゅう》します。

二つの戦争によって、好戦主義者ムッソリーニは大いに自信をつけたものの、急速に冷えこんだのは国力と国民感情《かんじょう》です。犠牲《ぎせい》を強《し》いられた人びとは、もう戦争はごめんだ、やるならムッソリーニが勝手にやれよ、という気持ちです。

この国民感情に背《せ》を向けたのが、彼の悲運の元であり、政治家《せいじか》としての大失点ですね。

その頃、もう一人の独裁者ヒトラーはたいへんな鼻息でして、ナチ・ドイツ軍は、まさに破竹《はちく》の勢《いきお》いでした。バスに乗《の》り遅《おく》れるなとばかりに、日独伊《にちどくい》三国同盟《どうめい》がベルリンのヒトラー総統官邸《かんてい》で結ばれたのが、一九四〇（昭和一五）年九月のこと。

条約《じょうやく》は、締結国《ていけつこく》それぞれのヨーロッパ・アジアにおける「新秩序建設《ちつじょけんせつ》」の指導的《しどうてき》地位を認《みと》めあって、締結国のいずれかが他国から攻撃《こうげき》された場合の相互援助《そうごえんじょ》を約束しました。これより四年前に日独《にちどく》防共協《ぼうきょうきょう》定が結ばれていますから、そもそも反共軍事同盟が基本《きほん》になっていたわけですが、このファシズムのトリオ成立によって、世界は一挙に緊張度《きんちょうど》が高まります。つまり、枢軸国《すうじくこく》は米英仏《べいえいふつ》ソなどの連合国と、軍事的に対立する構図《こうず》となったわけです。

もちろん日米関係も急速に悪化して、その行きつく先が一九四一年一二月の太平洋戦争だったのですから、三国同盟が世界的規模《きぼ》の侵略戦争の促進要因《そくしんよういん》となったことは、あきらかです。

ところが、思わぬ番狂《ばんくる》わせというべきか。緒戦《しょせん》はドイツの電撃《でんげき》作戦にみられるように、枢軸国に景気よかった戦局が、一九四三年になると、急に雲行きが怪《あや》しくなってきました。

この年の初めには、ドイツ軍がスターリングラードで敗北、戦局逆転《ぎゃくてん》のきざしです。七月には連合軍がイタリア南部シチリアに上陸し、ローマ爆撃《ばくげき》もはじまりました。そしてイタリアの政局《せいきょく》は、大激変します。突然にムッソリーニは解任され、バドリオ元帥が後継首相に。さらにファシスト党に解散《かいさん》命令が出るまでバタバタと、ほとんど、一週間たらずの出来事です。

九月、バドリオ首相は連合軍と休戦、降伏《こうふく》です。それまでの枢軸国陣営《じんえい》からいちはやく脱落《だつらく》。一時は盤石《ばんじゃく》のように見られていたファシズム体制《せい》は、あっけなくも崩壊《ほうかい》してしまいました。

なぜ、そんなことになったのか、ファシズム内部の分裂《ぶんれつ》というか、内部崩壊のようにみえますが、その引き金となった要因がいくつかあります。

一つは戦争はもうごめんだという国民の、どうにも抑《おさ》えきれないほどの声の広がりです。二つめは北部工業都市の労働者たちのゼネストです。かれらはファシズムの戦争政策に、公然と反旗をひるがえしたんですね。そして三つめを上げるなら、前線の兵士たちの厭戦意識《えんせんいしき》です。兵士たちは連合軍と闘う正当な目的意識もなく、しかも旧式《きゅうしき》の銃と食糧《しょくりょう》もカスカス、傲慢《ごうまん》なドイツ兵から何かと差をつけられ、馬鹿《ばか》にされていたんですね。その怒《いか》りがヒトラーと手を組んだムッソリーニに向けられたとしても、不思議はありません。といった複合的《ふくごうてき》な背景があったのだと思います。とにかく、休戦の報に、イタリア国民は街も工場も前線も、みな湧《わ》き返ったという。

それから、地下のレジスタンスが公然と活動を開始して、共産党をはじめ反ファシスト各政党による国民解放委員会が結成され、国土の大半を占領したドイツ軍・ファシスト軍との、激烈《げきれつ》な内戦になるのです。

戦いで命を落としたパルチザンは同志たちから手厚く葬られた

ムッソリーニ逮捕《たいほ》から休戦へ

当時の日本の新聞は、このイタリア降伏《こうふく》をどう伝えていたか。新聞の縮刷版《しゅくさつばん》を開いてみると、おもしろいですね。なにしろ三国同盟の一カ国が突然《とつぜん》に白旗を掲《かか》げたわけだから、驚きも衝撃《しょうげき》もただごとではなく、「伊、盟約《めいやく》を裏切る」「バドリオの背信許《はいしんゆる》さず」「武力に自信なき卑劣手段《ひれつしゅだん》」などの大見出しで、まるで〝腰抜《こしぬ》けめ〟といわんばかり。「帝国《ていこく》の必勝の信念不動」の文字が躍《おど》っています。詩人尾《お》崎喜八《ざききはち》は『読売報知《ほうち》』（43・9・11）に詩を寄《よ》せていますが、そこには、こんな一節があります。

まこと彼等《ら》に一寸《ちょっと》の傷《きず》無きも、
面皮の厚《あつ》きこと斯《か》くの如《ごと》し。
さもあらばあれ　此《こ》の一些事《さじ》、
日独もとより微動《びどう》だもせず
盟約いよいよ固く　提携《ていけい》いよいよ密に

……

しかし、この時点の日本は、ドイツと同様に、ガダルカナル島の撤退《てったい》、アッツ島の玉砕《ぎょくさい》など戦局は総崩《そうくず》れでしたから、イタリアに見習えばよかったのです。そうすれば、目もくらむような大惨禍《さんか》を阻止《そし》できたんですね。

いくら「裏切り」「腰抜け」と言われようとも、これ以上の国民への犠牲《ぎせい》と都市の破壊《はかい》は忍《しの》びなしとして、あえて早期休戦に踏《ふ》みきったイタリアと、「撃《う》ちてし止《や》まむ」の徹底抗戦《てっていこうせん》の道をやみくもに突《つ》っ走《ぱし》った日本・ドイツとでは、大きな開きがあります。

その違いは、はじめた戦争をいつどのように終わらせるかという方針《ほうしん》が、首脳部《しゅのうぶ》にはなかったということ。いいかえれば同じ戦争指導者《しどうしゃ》でも、国民の側に目が向いていたかどうか、ということではないでしょうか。

ヨーロッパ戦線は、どちらかといえばアウシュビッツなど、ナチのホロコースト（ユダヤ人大量虐《ぎゃく》殺《さつ》）や連合軍との熾烈《しれつ》な戦闘が、現代史の表舞台《おもてぶたい》になっています。そっちに気をとられていて、イタリアがなぜどのように早期休戦に至《いた》ったかということは、日本ではあまり知られていませんね。

お恥《は》ずかしいことに、私もその一人でした。ところがふと手にした一冊《さつ》の本で、目からウロコが落ちたというか、大事なところがよくわかりました。木村裕主《ひろしちょ》著『ムッソリーニを逮捕せよ』ですが、一九四三年七月の時点でイタリアには、戦争を一日も早く止めてナチと手を切り祖国《そこく》を救おうと、命がけで暗躍《あんやく》した人たちがいたのです。

その推進力《すいしんりょく》となったのは、アンブロージオ参謀総長《さんぼうそうちょう》にカステッラーノ准将《じゅんしょう》など、参謀本部付きの若《わか》い将軍たちでした。まったくの少数派ながら「この戦争は国民を不幸にするばかりだ」とひそかに動きはじめて、やがて国王（当時のイタリアは君主制《くんしゅせい》）や、ムッソリーニの側近たちを、その気にさせていったのです。側近のなかには、ムッソリーニの長女を妻《つま》にした元外相チアーノも入ってましたが、後《のち》に傀儡《かいらい》政権に銃殺されます。

しかし、かれらはごく短期間に、ファシズム政権の最高機関＝ファシズム大評《ひょう》議《ぎ》会《かい》で独裁制廃止《はいし》の議決を経《へ》て、ムッソリーニ逮捕から、休戦までの歴史の大転換《だいてんかん》をやってのけたのです。

「日本が神がかりと狂気《きょうき》の日々を過ごしている時、イタリアには醒《さ》めた目を持つ群像《ぐんぞう》が存在《そんざい》していたことに、驚嘆《きょうたん》と畏敬《いけい》の念を禁《きん》じ得《え》なかった」

と、木村氏は前掲《ぜんけい》書に記していますが、私もまた同感です。

軍人でありながらも、そうした柔軟《じゅうなん》で理性《りせい》的な対応《たいおう》のできる人材が首脳部にいたことは、イタリア国民にとって、なんと大きな救いであったことでしょうか。

結局、パルチザンはヒトラーと組んだムッソリーニを処刑、自らの内から登場してきたファシズムを、自らの手で打ち倒して、解放の日を迎《むか》えたというわけです。なおつけ加えますと、戦後のイタリアは国民投票と制憲《けん》議会選挙の結果、王制を廃止して、共和制を確立《かくりつ》しました。これもまた、日本と大きく違うところですね。

根強い人権意識

パルチザン闘争のいきさつについては、まだお話ししたいのですが、少し前置きが長くなりました。補足《ほそく》分は後にゆずり、このへんで、旅の中身に入っていきましょうか。

成田空港から、イタリア北部の都市ミラノまで約一二時間半。直行便です。シベリアの大地をえんえんと飛び、切り立つようなアルプスの岩山を眼下《がんか》に見ながら、ひとっ飛びとはいうものの、座《すわ》りっぱなしはラクではありません。

海外旅行は、お金も時間も必要ですが、それよりも不可欠《ふかけつ》なのは体力ですね。体力のあるうちに、できるだけ世界を歩け歩け、グローバル理想を高めるために――と、つくづくそう思います。

さて、八月のミラノは、ほかのヨーロッパの大都市の例に洩《も》れず、バカンス中です。ほとんどの人が避暑地《ひしょち》へと向かい、店で開いているのは街角のバールくらいなもの。住民不在《ふざい》の街へどっとばかりに、日本人観光客が押し寄せてきて、ホテルはここ一番の稼《かせ》ぎ時ですね。もちろん超満員《ちょうまんいん》のうえ、最高のお値段《ねだん》ときては、着いたとたんに郊外《こうがい》へ移動《いどう》するのが賢明《けんめい》というものです。

日本人のいない町で、少しゆっくりしましたが、とても落ち着きました。

その風景はとくにどうということはないにしても、空の色も吹く風も、ずっと昔からの面影《おもかげ》をとどめているような。多少の不便さは覚悟《かくご》のうえで、かわらぬ風情《ふぜい》を大事にしているのは、やはり民族性《みんぞくせい》でしょうか。

どんな小さな町にも、住んでいる人たちの愛着が感じられるのです。町中が自分の庭というか、したがって、そのへんにゴミなど放《ほう》り捨てることなんかなく、街頭スタンドの類《たぐい》もありません。ただたんにきれい好きというんではなくて、おたがいに人間らしく生きようという人権意識が基本になっているんでしょうね、きっと。人権とは、まず「私」です。「私」が確立されてこそ、他者の人権に思いがおよぶんですね。

そこで、ふと私は思ったものです。

この国の民衆蜂起《みんしゅうほうき》ともいえるレジスタンスは、当時の日本にはなかったものですが、その根強い人権意識が底流になっていて、反ファシズムで足並みを揃《そろ》えるよりどころになったのではないか。そして、自分たちの住みなれた町や都市を守ろうという、使命感にもつながったのではないのか、と。

かれらは、みごとに自分たちの町を守り抜いて、かわらぬままに次代へと受《う》け渡《わた》すことができたわけです。が、しかし、そのための犠牲は、容易ならざるものがありました。ボローニャという地名をご存知《ぞんじ》ですか。ミラノからローマへの間にある都市ですが、ここで私ははやくも、そうした殉難者《じゅんなんしゃ》たちの肖像《しょうぞう》を前にして、身の引き締《し》まるような敬虔《けいけん》な気持ちにさせられたのです。

ボローニャは、ヨーロッパ最古の大学を創設《そうせつ》して、すでに一一世紀には、文化、学問の一大中心地になった自由都市です。

人口は五〇万人ほどですが、市街地に入ると、建物の軒下《のきした》が歩行者通路で、がっちりとした長いポルティコ（柱廊《ちゅうろう》）ばかり。軒《のき》が強い日射《ひざ》しを防《ふせ》いで、とても中世風の重厚《じゅうこう》なたたずまいですね。

至《いた》るところに、本屋さんがあります。というのは、今でもこの町が学生街だからです。

中心地の南に面したアルキジンナージオ宮殿《きゅうでん》は、旧《きゅう》ボローニャ大学だそうですが、貴重《きちょう》な観光資《し》源《げん》の一つ。そこからちょっと北へ足を伸《の》ばせば、かなりの面積のマジョーレ広場です。横に面したバロック調のコムナール宮殿は、市庁舎《しちょうしゃ》です。

パルチザンのモニュメント

市庁舎の壁面《へきめん》には、横に長い三枚《まい》もの巨大《きょだい》なパネルが掲《かか》げられています。そこに、氏名つきの小さな顔写真がびっしりと。ほんとうに隙《すき》なく並んでいますが、ボローニャで犠牲となったパルチザンたちの群《ぐん》像です。

「ボローニャ・一九四三年九月八日～一九四五年四月二五日」と、パネルの上段《じょうだん》に、大きめの文字が刻《きざ》まれています。

四三年九月八日とは、イタリアが連合軍との休戦協定を発表した日です。レジスタンス戦の開始ですね。四五年四月二五日の解放まで、この間約二〇カ月にわたり、武器を取ってナチ・ファシズムと闘い、あえなくも倒れた市民は、子どもや女性、年配者も含《ふく》めて市内にこれだけいる、というわけです。

その数は、どのくらいか。とうてい数えることもできません。でも、中央パネルの下段《げだん》に、親切な統計《とうけい》が出ていました。

ボローニャで、パルチザンに参加した者一万四四二五人、女性は二二一二人、戦死者二〇五九人、負傷者《ふしょうしゃ》九四五人、逮捕者《たいほしゃ》六五四三人、銃殺者二三五〇人、ナチ強制収容所《きょうせいしゅうようじょ》での死者八二九人。とすると、パネルはおよそ二〇〇〇人余の遺影《いえい》群かと思われます。

ヨーロッパの街を歩いてみて、ナチの犠牲となった人びとの氏名に生年月日を刻んだモニュメントは珍《めずら》しくないけれど、これだけ大勢の顔写真付きというのは初めてです。

ボローニャでは、パルチザン部隊に加わった人びとのうち、ざっと七人に一人が犠牲になったということでしょうか。その一人ひとりの顔写真を、よくぞ丹念《たんねん》に集めたものだと思う。もちろん屈強《くっきょう》の男たちが主力ですが、なかには白い八の字ひげの老人もいれば、あどけない少年少女もいます。

近寄《ちかよ》ってよくよく見れば、同じ姓《せい》で七人も肩《かた》を並べた写真もある。たとえば vitali さんという家で、男性《だんせい》三人に女性二人の顔写真はあるのですが、残りの二人は花束に囲まれた星マークの下に、氏名だけ。最年少の vitali E 君は、白いセーター姿で茶目《ちゃめ》っ気《け》のある目つき。姉の vitali I さんは長い髪《かみ》を垂らして、娘盛《むすめざか》りのあでやかな笑顔《えがお》です。

それぞれが、今にも何かを語りかけそうな表情《ひょうじょう》で、広場の私たちを見ている。どういう死に方をしたのかわからないけれど、まだ人生がはじまったばかりだというのに……と、私はしばらくの間、その場で立ちつくしていました。この世の見収《みおさ》めともいうべき最期の瞬間には、どんなに口惜《くや》しかったことか、と。

わかものたちはたたかいに

ボローニャ市庁舎壁面に飾られた、レジスタンスの犠牲者の肖像

深い森のパルチザン部隊へ
家を出て勇みゆくパルチザンへ
ふさふさと髪なびかせて
娘はとんでいく
緑の森　深い森よ
……

ふと脳裏《のうり》にひらめいたのは、まだ一〇代だった頃に、よく口ずさんだ歌の一節です。

「小麦色の娘」という題で関鑑子《せきあきこ》さんの訳詞《やくし》でしたが、ふさふさと髪なびかせて……というところが、なんともロマンチックで、いちだんと声を張《は》り上げたものでした。しかし、その先の彼女《かのじょ》らに、どんな運命が待ちかまえていたのか。ピクニックかデートに行くわけではないんだから、今考えれば、軽い気持ちでうたえるような歌曲ではなかったのです。

パルチザンは、ベトナム戦争時の民族解放戦線のように、ゲリラ遊撃隊《ゆうげきたい》とでも訳《やく》すべきかと思いますが、ナチ占領下《せんりょうか》の抵抗運動として、第二次世界大戦下のヨーロッパの至るところに発生、活躍《かつやく》しました。しかし、その語源《ごげん》は、実はイタリア語なのです。市庁舎壁面《へきめん》の遺影群像には、左側にかなりの大きさのプレートがありました。

「ナチスの暴力《ぼうりょく》によって虐殺《ぎゃくさつ》された大勢の子どもたち、女たち、男たちに対し、そして、すべての人びとに、ボローニャ市は深い哀悼《あいとう》と謝意《しゃい》とを捧《ささ》げる。かれらの死は、市民たちの独立《どくりつ》と人類の平和と、社会正義にかなった社会の到来《とうらい》のために、かけがえのない証言《しょうげん》となり警告《けいこく》となろう。自由のため、崇高《すうこう》に闘ったかれらを忘《わす》れまい」

プレートの文字を訳してもらいながら、私が思ったことそれは、この国の歴史における人権意識プラス民主主義のはかり知れぬ重みでした。

ファシズムの息の根を断ち切《た》《き》って、文字通り民《たみ》が主人公になるためには、民衆自身の血みどろの闘いが必要だったんですね。映画「ロベレ将軍」の一シーンではないけれど、多くの市民たちが、決して小さくない「崇高《すうこう》な」義務をはたしたのです。後に続く世代のために……。

悲劇《ひげき》の村マルザボットへ

次に足を向けたところは、ボローニャから南へ二四キロ、山道を迂回《うかい》しつつ、車で小一時間ばかりの小さな村です。

マルザボットといって、イタリアでは第二次大戦下の〝悲劇の村〟として知られています。もちろん村人たちに恐るべき惨禍をもたらしたのは、ドイツ軍でして、これまた少し背景《はいけい》の説明がいりますね。

一九四三年七月、連合軍がシチリア島に上陸してからというもの、ドイツ軍は南から押《お》される一方、各地でパルチザンによるゲリラ攻撃を受けていました。まさにダブルパンチです。ドイツ軍が首都ローマから撤退《てったい》、同時にアメリカ軍が入城《にゅうじょう》したのは、翌《よく》四四年六月の初めでした。

北へ北へと敗走するドイツ軍は、なんとか陣営《じんえい》をたてなおして戦局を挽回《ばんかい》しようと、堅固《けんご》な防御《ぼうぎょ》線を引きます。「ゴシック防衛線《ライン》」といって、長靴の形をしたイタリアの北、残すところ三分の一くらいの位置です。ラインは、ボローニャとフィレンツェの中間地点を、横一線に貫《つらぬ》いています。

地図で見ると、その防衛線に近く、南北に走るアペニン山脈の裾野《すその》あたりに、目指す村がある。当然ながら、平穏無事《へいおんぶじ》であろうはずがないですよね。

当時、その山岳《さんがく》地帯にたてこもって侵略軍《しんりゃくぐん》と闘ったのは、「ステラ・ロッサ旅団」というパルチザン部隊でした。五〇〇人からの隊員は、イタリア正規軍《せいきぐん》から寝返《ねがえ》った青年兵士たちが多かったんですが、それに北部からの支援隊《しえんたい》と、地域《ちいき》のメンバーが加わったのです。

かれらは、どのように生活していたんでしょうか。普段《ふだん》は干《ほ》し草置き場や納屋《なや》などにひそんで、農民たちから食糧を得ていたという。一人のパルチザンには、女性を主にした一五人ほどの奉仕者《ほうししゃ》がいたというから、村民の支持は絶大《ぜつだい》だったんですね。

そのパルチザン旅団を殲滅《せんめつ》すべく、ドイツ軍武装親衛隊《ぐんぶそうしんえいたい》と機関銃《きかんじゅう》隊が村々を襲《おそ》ったのは、四四年九月下旬《げじゅん》のこと。パルチザンをかくまったとか、逃《に》げこんだとかの口実で、村民大虐殺《だいぎゃくさつ》が始まったのです。指揮をとったのは、親衛隊のワルター・レーデル少佐《しょうさ》です。マルザボットでは、老人、子どもを含む一八三〇人が殺された、とのこと。

そのくらいの予備知識《よびちしき》だけで、ハーブの香《かお》る草原地帯を抜けて、岩山と緑に囲まれた静かな家並《いえな》みにたどりつきました。車を降《お》りて、まっ先に目についたのは、なんとも異様なモニュメントでした。村役場を前にした広場の、芝生《しばふ》の先です。

うねうねと波打つセメントの大地の、ところどころに人の形らしきものがある。子どもらしい五人が肩を抱《だ》き合ってうずくまっているかと思えば、白塀《しろべい》を前にして、また六人が一列に並んでいます。銃殺される男たちでしょうか。うつ伏《ぶ》せに倒れた者、またまた子どもを抱いて身を縮《ちぢ》め、横たわる姿も。

それもざらざらの粗《あら》いセメント造《づく》り。みな黒ずんでいて、男女の見境《みさかい》もつかず、台座《だいざ》もありません。大地の窪《くぼ》みには雨水がたまっていましたが、それは殺された人びとの血の流れだったかもしれない。私はふと東京大空襲《だいくうしゅう》後の炭化した焼死体《しょうしたい》を思い出し、足がすくみました。まことに、象徴的《しょうちょうてき》なモニュメント・アンサンブルです。こうして至るところで、村人たちは虫けらのように惨殺《ざんさつ》された、ということでしょうか。

先のボローニャ市庁舎壁面のパルチザン殉難者《じゅんなんしゃ》たちは、顔写真と氏名でしたが、ここでは立体像《りったいぞう》です。人びとの断末魔《だんまつま》の呻《うめ》きが重苦しく迫《せま》ってくるかのよう。

写真集を手に当時の状況を説明するエリコベカーレ氏

しかし、よく見ると芝生の一隅《いちぐう》には、HIROSHIMA1945・8・6と刻んだ石碑《せきひ》もありました。広島の犠牲は歴史の糸が切断《せつだん》されかねない時代にあって、われわれにどう生きるかを伝達する、と書いてあります。村人たちは、原爆《げんばく》の惨禍も、きちんと慰霊《いれい》してくれていたのです。

犠《ぎ》牲者《せいしゃ》慰霊の聖堂《せいどう》

私たちを迎えてくれた体験者はエリコベカーレ氏で、当時九歳《さい》。目の前で叔父《おじ》が殺されたが、彼自身は近くの教会に逃《に》げて、神父に救われたのだそうです。

役場フロアの記念室を案内してくれましたが、惨状《さんじょう》を伝える写真パネルや絵画のほか、黒く焼けぼっくいの枝《えだ》を広げた木の展示《てんじ》などなど。なぜ樹木《じゅもく》が焼けたのだろう。ドイツ軍はまず農家に火を放ち、逃げようとする村人を火中に放《ほう》り込《こ》んで、周囲から機関銃で乱射《らんしゃ》したのです。あとに札を掲げたという。

「これがパルチザンをかくまった者の末路だ」と。ですか

悲惨さがじかに伝わる荒いコンクリートでつくられた犠牲者像

ら、見せしめにされた遺体《いたい》は、先ほどのモニュメント状になっていたのではないでしょうか。

結局、マルザボット周辺で、三日間に二五〇〇人が殺され、当時の人口六〇〇〇人は半分ほどに減少《げんしょう》したという。今はようやく同じ人口に戻《もど》ったんだそうです。

エリコベカーレ氏は、会議室での説明のあと外に出て、汗《あせ》をふきふき先に立ちました。まだ見てもらいたいものがある、というのです。その足の速いことといったら。もしかして、自分の生き残った場所なのかと思ったのですが、教会前に待っていたのは、また別な体験者でした。

白髪《しらが》、赤ら顔の大柄《おおがら》な男性、ピレッティ・グイドウ氏は、当時一五歳。ここで、両親をはじめ親族二七人が殺された、と語るのです。大振《おおぶ》りな動作をいれて、ドイツ軍による機関銃弾《じゅうだん》の下をかいくぐって夢中《むちゅう》で逃げたのだ、と。ほとんどの女性が殺され、生まれたばかりの赤《あか》ん坊《ぼう》も生かしてもらえず、自分だけが九死に一生を得たのだ、と。

教会に入りますと、左右の壁に犠牲者の氏名と生年月日が、横並《よこなら》びにずらっと刻まれていました。全部で七七一人。「ママ……」といって、氏の指さすのは、まだ若かりし母の名前でした。それを伝える彼の気持ちは、いったいどんなものか、察するに余《あま》りあります。ご本人も、できることなら、近寄りたくない場所ではないでしょうか。

奥《おく》まった広間には、壁の角々に、旧式の銃を手にした男たちの彫像《ちょうぞう》。パルチザンの勇士たちですが、かれら七人もまた村人たちと、ここで運命を共にしたのです。今は死者たちを見守る衛兵《えいへい》のようですが、かれらもまた村人であったのかもしれません。

ああ、これは教会というよりも、慰霊の聖堂なのだと思いました。

住民たちにとっては、先ほどの広島の石碑《せきひ》ではないが、過去《かこ》を現在《げんざい》へと結ぶ大事な歴史の接点《せってん》なのです。忘れようとて、忘れることなんかできないのです。東京大空襲の犠牲者たちとは違うのです。

氏名も年齢《ねんれい》、性別《せいべつ》さえ未調査で半世紀以上も放置されたままの戦災《せんさい》死者は、なんと無念なことか。その数は東京で約一〇万人！　戦時中の私たちには、人権などまったくなかったけれど、たたかい破れて表向き民主主義の時代がきたとはいうものの、社会的弱者は置き去りにされ、「風化」させられてきた、とはいえないでしょうか。これまた、本質的《ほんしつてき》には人権意識の問題なのかもしれません。

エリコベカーレ氏は、さあ次へ行こう、と汗みどろの顔で親切に勧《すす》めてくれます。突然の訪問《ほうもん》なのに、その好意と熱意といったらたいへんなもの。でも、次の予定を考えると、名残惜《なごりお》しい別れにならざるを得ませんでした。なにしろモニュメントだけ見れたらいいな、くらいのつもりで、やってきたんですから。

帰途《きと》の車のなかで、提供《ていきょう》してもらった資料《しりょう》を広げてみました。英文の一冊《いっさつ》には、エミリア・ロマーナ州の戦禍《せんか》の記述《きじゅつ》のあとに、こんな文章が目につきました。

「マルザボットで、大量殺戮《さつりく》をまぬがれた者たちは、侵略軍に従《したが》うことを拒絶《きょぜつ》した。あえて、鉄と火と血なまぐさい戦闘に、その身を投じた。村の息子《むすこ》たちはモンテ・ベネーレとモンテ・ソーレ（山の名）の頂上《ちょうじょう》に立ち、両親や村の長老たちに励《はげ》まされ、侵略軍を反撃《はんげき》したのである。なかには小さな子どもたちもいた。武器を持たない者たち、戦うには体力のない老人たちは、次つぎと山の谷に倒《たお》れていった。村を愛し守ろうとしたその心は、来《きた》るべき世代への人間の証《あかし》となるだろう。ナチ・ドイツ軍は、その心までは奪《うば》えなかったのである」

来るべき世代への人間の証しのくだりで、あの痛《いた》ましいモニュメント群を思い出し、私はなんだか胸が熱くなってくるのを、抑《おさ》えようがありませんでした。

では、今日のお話しは、ここまでにしておきますが、お帰りの際《さい》、受付にコピー「ムッソリーニの黒い十字架《じゅうじか》」が用意してあります。関連資料になるかどうか、内容《ないよう》はイタリア・ファシズムの元凶《げんきょう》ムッソリーニのあわれな結末です。

独裁者が、パルチザンに銃殺された場所は、北イタリアのコモ湖畔《こはん》です。私は行くことができませんでしたが、別行動をとった娘の愛が、一人で歴史の現場《げんば》へ向いました。そのレポートです。

まあ、でき具合はともかくとして、ご一読いただけましたら幸せです。

旅のレポート　ムッソリーニの黒い十字架《じゅうじか》

早乙女《さおとめ》　愛

きっかけは一枚《いちまい》の写真であった。

日曜日の午後にコーヒーでも飲もうとして、食卓《しょくたく》に座《すわ》ると、その本が置いてあった。何げなくめくると、その写真が出てきた。

ガレージの鉄骨《てっこつ》に、逆《さか》さ吊《づ》りにされた五体の死体が写っている。両手がたれさがり、五体とも万歳《ばんざい》のポーズになっているのがどことなく滑稽《こっけい》だ。ムッソリーニとファシスト首脳《しゅのう》の死体である。ヒトラーが自殺を遂《と》げたことは有名だが、ムッソリーニの最期《さいご》は知らなかった。いや、最期はおろか、このような末路を迎《むか》えた理由もいきさつも知らない。

ムッソリーニの隣《となり》に、スカートをはいた女が吊《つ》るされている。逆さまなのになぜかスカートは滑《すべ》り落《お》ちず、太ももに張《は》りついている。奥《おく》さんだろうと思ったが、むきだしになった細い臑《すね》を見ると、奥さん以外の女性《じょせい》のような気もする。偏見《へんけん》ではあるが、「奥さん」らしからぬ細さである。

この女性は誰《だれ》だろう。私《わたし》はわざと写真を目から離《はな》してみた。五体はただ干物《ひもの》のように吊るされ放置されているのではなく、儀式《ぎしき》か祭典の供物《くもつ》のように誰かに捧《ささ》げられているように見えた。ぶらさがった両手は、そろって誰かに「降参《こうさん》」しているようでもある。

でも、いったい誰に？

一枚の写真は、逆さ吊りされた死体より、逆さ吊りをした行為《こうい》のグロテスクさが目立っていた。諸悪《しょあく》の根源《こんげん》をついにとらえました。さあどうぞごらんください、と勝《か》ち誇《ほこ》っている様子が、手に取るようにわかる。

でも、誰が？　誰が勝ち誇っているのだ。ふと目にした写真にはたくさんの「誰」が存在《そんざい》しているが、歴史を知らないと、それが誰であるかわからない。写真の説明にはこう書いてあった。

「一九四五年四月二八日、ムッソリーニと愛人はスイスへ脱出《だっしゅつ》をこころみたが、国境《こっきょう》に近いコモ湖《こ》畔《はん》の小さな村で処刑《しょけい》された。パルチザンは死体をミラノのロレート広場へ運び、ガソリンスタンドの屋根にくくりつけた」

いくつかの疑問《ぎもん》は解《と》けたが、かわりに写真の前日、もしくは前々日が知りたくなった。二人がコモ湖で逃《に》げ惑《まど》い、処刑されるまでのいきさつである。

私はイタリア出発の一週間前に予定を変更《へんこう》し、コモ湖に立《た》ち寄《よ》ることにした。

コモ湖はミラノの北五〇キロに位置し、Yの文字をひっくりかえした、踊《おど》り子《こ》のような形で、南北にひろがる。処刑場所は西岸、踊り子の右足の付け根あたりである。住所はアッツァニーノ村字ボンツァニーゴ、ジュリーノ・ディ・メッツェグラ。

タクシーは、あっという間にコモ湖畔西岸の一本道に出た。北へ北へと飛ばす。左は岩肌《いわはだ》の崖《がけ》が迫《せま》り、狭《せま》い道である。右の絶壁《ぜっぺき》の下がコモ湖だ。

一九四五年の春、大戦はドイツ・イタリア枢軸《すうじく》側の敗北が明らかになっていた。日ごとに勢《いきお》いをます反ファシストのパルチザンの数は、約三〇万人にもふくれあがっていた。

四月二五日、北イタリア国民解放《かいほう》委員会は、連合軍側が休戦と引き換《か》えにファシズム首脳の身柄《みがら》引き渡《わた》しを要求しているのを無視《むし》し、「イタリア国民の名において自らの手《ひ》でファシズムを打倒《だとう》する」と挑戦的《ちょうせんてき》な態度《たいど》に出た。ムッソリーニがファシズム政権《せいけん》を樹立《じゅりつ》してから二〇余《よ》年間、いかに多くの反ファシストが弾圧《だんあつ》され、多くの国民が苦しんできたかを思うと、ファシズムの息の根をとめるのはイタリア人である自分たちの仕事であり、「それこそ人間の名誉《めいよ》であり尊厳《そんげん》というものだ」と考えた。

その日の夕方、パルチザン側はムッソリーニに無条件降伏《むじょうけんこうふく》をつきつけた。降伏したら処刑されるかもしれないという恐《おそ》れで、彼《かれ》は部下の首脳陣《しゅのうじん》とスイスへの脱出をこころみる。敗残部隊はみるみるうちに解体《かいたい》しつつあり、後についてきたのはたった数台の車であった。数台の車でしかないムッソリーニ政権は、スイスへ向けてコモ市に入った。

「ヴェルサーチ、ヴェルサーチ」

運転手が顎《あご》でコモ湖側を示《しめ》した。最近殺されたファッション・デザイナーのヴェルサーチの遺骨《いこつ》がコモ湖畔の礼拝堂《れいはいどう》に安置されているらしい。イタリアきっての避暑地《ひしょち》、別荘地《べっそうち》といわれるだけのこと

コモ湖西岸からの眺望

はある。深い紺《こん》をたたえた水と絶景《ぜっけい》を、古くはシーザー、アウグストゥス、新しきはヴェルサーチまで、愛してやまなかったという。

車の窓《まど》から湖を眺《なが》めた。コモ湖はまったく皮肉なくらい美しいのだ。一九四五年の四月二八日？　そんなことはとっくに忘《わす》れました、とでもいうように、けろりとして、誇《ほこ》らしげに朝の光を浴びていた。

「ビューティフル」

運転手が突然《とつぜん》言った。いくつものトンネルを抜《ぬ》けては、そのたびに絶壁下にコモ湖面があらわれる。

「ほんとにきれいなところだね」

右側のコモ湖を眺めながら適当《てきとう》に相槌《あいづち》を打った。強い日差しが車の窓をつきぬけて入《はい》り込《こ》んできた。今日はからりと晴れているから、湖は力強いアルプスの山々をきれいに映《うつ》している。いや、アルプスの山だけではなく、すべてをくっきりと映しそうだ。その前ではどんな隠《かく》し事《ごと》もできないというくらい。

こんな日に、霧《きり》のたちこめるコモ湖を想像《そうぞう》するのは、むずかしい。

ムッソリーニ一行が北へ進もうと湖畔沿《ぞ》いに車を走らせたとき、あたりは一面の霧が立ちこめていた。四月二六日午前四時ごろ、まだ肌寒《はださむ》い夜明け前である。山中にはパルチザンが張っているため、湖畔の幹線《かんせん》を進むしかなかった。早くしないと霧が晴れてしまう。

空が白みかけた頃《ころ》、一行はコモから五六キロのメナッジョの町に着いた。スイス国境まではわずか二七キロである。生き延《い》《の》びる最短距離《きょり》に立ったムッソリーニは、途中《とちゅう》のグランドラまで行き、先に二台の車で様子をさぐりにいかせた。やきもきして待っていると、意外な人物が登場した。

愛人クラレッタが、弟とともにミラノからアルファ・ロメオを駆《か》って、追いついたのである。いまや生きるか死ぬかという瞬間《しゅんかん》に、荷物がひとつふえたような感じがし、部下たちは不快感《ふかいかん》をあらわにした。部下の手前、ムッソリーニは困惑《こんわく》の表情《ひょうじょう》をうかべた。彼は愛人の顔を見て、ますます気が弱くなった。

「女性に好かれないような男では困《こま》る」と妻《つま》ラケーレが言うだけあって、ムッソリーニは女に目がなく、またよくもてた。女たちを力ずくでうばっては捨《す》てた。彼にしてみれば一時的な官能的《かんのうてき》な遊びに過《す》ぎなかった。あり余《あま》るほどの女がいたが、彼の心をとりこにした女はほんのわずかである。なかでも、ムッソリーニをめぐって、妻とつかみあいをしたクラレッタは別格《べっかく》であっただろう。

クラレッタ・ペタッチはローマ法王庁侍医《ほうおうちょうじい》フランチェスコ・ペタッチの長女として生まれ、少女時代からムッソリーニにあこがれ、八歳《さい》のときから官邸《かんてい》に手紙を送っていたという。二〇歳のときに、ローマ郊外《こうがい》をドライブ中、ムッソリーニを見かけたのがきっかけで知り合うようになる。このときムッソリーニは働《はたら》き盛《ざか》りの五〇歳。官邸内にクラレッタの部屋をつくり、「官邸の妻」と人びとが噂《うわさ》するほどの親密《しんみつ》ぶりであった。

タクシーは今まで軽快《けいかい》に走っていたが、コモ湖のなかばに近づいてくると、次第《しだい》に、のろのろとしてきた。別荘《べっそう》地が密集《みつしゅう》しているようだ。サイクリングや車での観光客が多くなり、渋滞《じゅうたい》気味になった。

「もうじきだよ」

何となくイライラしている私の様子を察してか、運転手がおだやかに声をかけた。

真っ赤なアルファ・ロメオの対向車がやってきて、悠々《ゆうゆう》と通《とお》り過《す》ぎて行った。乗っていたのは、中年の夫婦《ふうふ》であった。別荘地からコモ市へ出かけるところだろう。私はアルファ・ロメオを見送りながら、はてクラレッタというのは、どんな女だったのだろうかと思いをめぐらした。

クラレッタ・ペタッチの写真をみたことがある。髪《かみ》はブラウンで深いブルーの目をしていて、ムッソリーニ好みの鳩胸《はとむね》だったという彼女《かのじょ》だが、ほっそりとした足をしていたのが印象的であった。笑った顔はマリリン・モンローに似《に》ている。うぶでやさしく、自由でやわらかな感じをうけるからだ。もっとも写真から、本人の性格《せいかく》までわからないが、バイオリンを弾《ひ》き、ピアノでショパンやベートーヴエンを弾き、油絵を描き、スキーやテニスをするところを考えると、器用で相手を退屈《たいくつ》させることのない、かわいい女性だったのではないだろうか。

彼女がオスティア海岸でムッソリーニに出会ったとき、ムッソリーニは真っ赤なアルファ・ロメオをぶっとばしていた。彼女はそれを追いかけながら、「ドゥーチェ（統帥《とうすい》）、万歳《ばんざい》！」と叫《さけ》んだという。しかし、コモ湖ではクラレッタがアルファ・ロメオに乗り、彼を追いかけてきた。二人は情熱的《じょうねつてき》という点で、どちらもひけをとらなかった。彼女はいつも彼を追いかけた。はじめからおわりまで、そこが墓場《はかば》であっても、クラレッタはムッソリーニを追いかけることをやめなかった。


スイス国境付近はすでにパルチザンが厳戒態勢《げんかいたいせい》をとっており、そのまま進むことは不可能《ふかのう》だとわかると、ムッソリーニ一行は、いったんメナッジョに戻《もど》らざるをえなかった。

二七日未明、ムッソリーニ小集団《しょうしゅうだん》の前を、偶然《ぐうぜん》、退却《たいきゃく》中の武装《ぶそう》ドイツ部隊が通りかかった。一行はほっと胸《むね》をなでおろし、同行することにした。側近はムッソリーニにドイツ兵に変装《へんそう》するようすすめる。彼は嫌《いや》がった。「こんな格好《かっこう》で、何かのとき総統《そうとう》に会ったら、困《こま》るじゃないか」とだだをこねるあたり、最後までヒトラーを意識《いしき》していたのだろう。結局はしぶしぶドイツ軍の外套《がいとう》を着て、鉄帽《ぼう》をかぶることになった。

ドンゴ村に近づいた早朝、さっそくパルチザンのバリケードに阻《はば》まれ、ムッソリーニはあっけなく見破《みやぶ》られて、他のファシスト党《とう》首脳とともに捕《つか》まった。一説では、彼の変装が足元まで注意しなかったせいだと言われている。ムッソリーニは靴《くつ》までは変えなかった。彼は兵士にしては立派《りっぱ》すぎる長靴《ながぐつ》をはいていたのだ。

ムッソリーニを逮捕《たいほ》したものの、パルチザン側は焦《あせ》った。村から村へと逮捕の情報《じょうほう》が流れ、ファシストに奪回《だっかい》されるか、リンチにあう危険《きけん》もあったからだ。

パルチザンは、ムッソリーニを負傷《ふしょう》したパルチザン兵士に変装させると、身柄《みがら》をクラレッタとともに別の場所に移《うつ》すことにした。

四月二八日午前一時。二台の車が向かった場所は、ドンゴから約二〇キロ湖畔を下った、ジュリーノ・ディ・メッツェグラであった。ムッソリーニは二日前に北上してきた道路を、また南に戻ることになった。

「ジュリーノ・ディ・メッツェグラ」

運転手が言った。私はあたりを見回した。湖畔の崖道《がけみち》を少し山側にそれると、その名のバス停があった。広場には、数軒《すうけん》のバーが並《なら》び、店頭には飲料と菓子《かし》が並んでいた。店先には主人らしき初老の男が、客なんか別に待ってないよというように、椅子《いす》に深く座《すわ》り、日光に当たっている。どこにでもありそうな、ひなびた田舎町《いなかまち》の風景である。

「この上だ。もうすぐだから」

タクシーは山側に入って行った。車一台通れるだけの急斜面《きゅうしゃめん》の小道が山の中まで通じている。曲

玄関左わきにムッソリーニの黒い十字架があるヴェルモンテ荘

がりくねった急坂《きゅうざか》を、運転手は慣《な》れた面持《おもも》ちでハンドルをとる。

カーブを曲がると、低い石垣《いしがき》がずっと続く。石垣の向こうはきっと別荘なのだろう。木々でよく見えない。

「これだよ」という運転手の声とともに、鉄の門と、黒い十字架が視界《しかい》に入った。通り過ぎたところで車を止め、門まで歩み寄った。石垣の中はヴィラ・ヴェルモンテという別荘である。鉄門の隙間《すきま》からそっとのぞいてみたが、人のいる気配はない。中には手入れのいきとどいた果樹園《かじゅえん》があるだけである。

門柱のすぐ脇《わき》の石塀《いしべい》に、黒い十字架が取り付けられている。十字架には説明ひとつなかった。

「ベニート・ムッソリーニ　一九四五年四月二八日」

それだけである。もちろん、ここへやってくる人は何が起こったのかをよく承知《しょうち》している。私にはその単純《たんじゅん》な記《き》述《じゅつ》が、気味の悪いほど、雄弁《ゆうべん》に思えた。

「ねえ」少し離れたところで、フロントガラスをせっせと

処刑場所の石塀の前に立つレポート筆者

磨《みが》いている運転手に話しかけた。石塀のえぐられた箇所《かしょ》を指でなぞってみた。

「これ、銃弾《じゅうだん》の痕《あと》みたいじゃない？」

「考えられるね」

彼はそう言うと、両手でライフルをもって構《かま》える仕草をし、石垣にむかって、「ヒュウ、ヒュウ、ヒュウ、ボン!!」と叫《さけ》んだ。「こんなふうにね。かんたんにね」両手をだらりとたらしてつぶやいた。

「そのとき、愛人も一緒《いっしょ》に殺されたんでしょ。彼女の十字架はないの？」

わからない、と運転手は首を振《ふ》った。目的地が駅であれ、処刑《しょけい》場所であれ、同じようにすいすいと慣れた運転をしてきたことを考えて、ここへはよく来るのかとたずねてみた。

スィー（来る）、と彼ははげた頭をなでながら答えた。二人が絶命《ぜつめい》した場所をひとめ見たがる観光客は、私だけではないらしい。

私たちは車に乗り、坂を下り、ひとまず広場まで帰った。

「コモ駅にいくかね」

「ちょっと待って」思い当たることがあった。木村裕主《ひろし》氏の『ムッソリーニの処刑』をぱらぱらとめくった。ムッソリーニの最期をめぐるコモ湖での唯一《ゆいいつ》のガイドブックである。

一〇分後に戻《もど》ってくるから、待っていてくれないか、と私は運転手に頼《たの》んだ。

いいよ、ずっとここにいるから、大丈夫《だいじょうぶ》だよ、と彼は答えた。

たしかバス停から三〇〇メートルほど、西に山道をたどればいいはずだ。狭い石のでこぼこ道がでてきて、段々畑《だんだんばたけ》が左に、右に薮《やぶ》があるはずだ。突《つ》き当《あ》たりに一軒家《いっけんや》が見えてくるだろう。スニーカーの底にジャリがあたり、健康サンダルでも履《は》いているような感触《かんしょく》である。坂の前方を見上げると、塀の上に座っている白い猫《ねこ》と目が合った。

私はある家を探《さが》していた。

パルチザンに連れられ、ムッソリーニとクラレッタは、豪雨《ごうう》の中をぐしょ濡《ぬ》れになって急坂をのぼった。車なら五分ほどの坂だが、パルチザン隊長に体を支《ささ》えられ、休み休み二五分もかけてようやくのぼりきった。突き当たりの農家の扉《とびら》がたたかれたのは、二八日午前三時ごろである。パルチザンの隠《かく》れ家《が》である農家の寝室《しんしつ》で、二人は最後の一夜を明かすことになった。

その農家がなかなか見つからない。別荘と別荘の狭い路地を歩いた。正面から、ジョギングをしている女がやってきて、道を譲《ゆず》った。路地を出ると、マウンテンバイクでツーリングをしている数人とすれ違《ちが》った。ショートパンツをはき、ペダルをこぐ股《もも》の筋肉《きんにく》がひきしまって見えた。体は日に焼け、汗《あせ》が光っていた。

もう一度資料《しりょう》を開いてみた。本の中で木村裕主氏が農家を訪《おとず》れたのは、事件《じけん》から一一年後、一九五六年のことだ。われに返って、頭の中で引き算をしてみる。なんと四二年もたっている。

ここは健康的な休暇《きゅうか》を過ごすリゾート地、コモ湖なのだ。私がひとりで探しているものと目の前の現実《げんじつ》は、ひどく対照的である。だがコモ湖の嘘《うそ》のような明るさ、清々《すがすが》しさは、歴史の激動《げきどう》に巻《ま》き込《こ》まれまい、としてきた反動のしるしにも思える。

私は、あきらめて運転手のもとへ引き返すことにした。

ミラノから追跡《ついせき》してきたパルチザンのヴァレリオ大佐《たいさ》が、農家を訪れたのは午後三時すぎであった。ムッソリーニとクラレッタは食事中であった。

「解放しに来たんです」と言い、ぬか喜びをさせたところで、二人を車に乗せた。

車はゆっくり坂を下り、ヴァレリオ大佐が前もって決めていたヴェルモンテ荘前で停車した。ムッソリーニらを車から降《お》ろし、塀の前に立つよう命じた。ムッソリーニは自分がここで殺されるとは夢《ゆめ》にも思っていない表情で、疲《つか》れ果《は》て、ただ不安気に歩き回った。クラレッタが彼に続いた。二人が石塀を背《せ》にして、こちらを向いたとき、ヴァレリオ大佐が言った。

「イタリア国民の名において、処刑する！」

ライフルの引き金を引いた。弾《たま》が出ない。彼は仲間の軽機関銃を持ってこさせた。その間、重い沈《ちん》黙《もく》が流れ、口を半ば開いたまま硬《かた》く直立したムッソリーニの、短くあえぐ声が聞こえた。クラレッタはムッソリーニに寄《よ》り添《そ》い、肘《ひじ》を彼の体につけた。彼はただ震《ふる》え、今はもう恐怖《きょうふ》におののく一人の男でしかなかった。

ヴァレリオは、彼の前に立ち、五発を発射《はっしゃ》した。ムッソリーニは塀に背をもたれ、膝《ひざ》を折り、頭を胸にのせるように倒《たお》れた。次の瞬間《しゅんかん》、クラレッタが四発の銃弾でムッソリーニの上に、くずれるようにして重なった。

一九四五年四月二八日、午後四時一〇分であった。

運転手のもとへ帰ろうとしたのに、迷路《めいろ》のように坂道が入り組んでいて、もと来た道に戻れない。しばらく歩くと、どういうわけかヴェルモンテ荘に通じる路地に出てきてしまった。黒い十字架が、再《ふた》び目の前に迫《せま》ってくる。十字架の上に小さな花が束ねられて、うなだれるようにして飾《かざ》ってある。

さっき来たとき、花なんてあっただろうか。私はあたりを見回した。誰もいない。花は、置かれてからそう時間がたってないように見えた。

そのまま坂を下った。運転手が店の主人と立ち話をしているのが小さく見える。約束の時間をとっくにオーバーしていた。小走りに下り、運転手がドアを開けて、プレゴ（どうぞ）、と言ったところへ、すべりこんだ。

タクシーはもときた道をたどり、南へ走った。今度は左側にコモ湖がみえる。処刑の瞬間、ムッソリーニの目にコモ湖の夕景が映《うつ》ったはずだが、実際《じっさい》は見えてなかっただろう。彼は若《わか》いときにコモ湖を見ている。一八歳の頃《ころ》だ。

貧《まず》しいイタリアの農村に生まれ、つねに活躍《かつやく》したい、よい生活をしたい、という気持ちは人一倍強かった。ありきたりの毎日に不満足で、絶望的《ぜつぼうてき》であり、若い女を追いかけ回しては憂《う》さを晴らした。時間があるとフェンシング学校へいき、緊張《きんちょう》して背中《せなか》を丸め、どんなことをしてでも勝とうとする。そのくせ試合が終わると、こそこそ歩み去り、いつも安っぽい服を着ていた。そんなある日、母親から四五リラをもらい、コモ湖を経《へ》てスイスへ出稼《でかせ》ぎに向かった。

その人となりは人間的である。ときには人間的な部分に魅力《みりょく》さえ感じるほどだ。

コモ湖を見た一八歳のムッソリーニは、少々血の気が多いにせよ、ごくふつうの若者《わかもの》であったはずだ。しかしたちまちにして権力《けんりょく》を掌握《しょうあく》し、強引《ごういん》に、独裁的《どくさいてき》地位を占《し》め続け、自分勝手な欲望《よくぼう》の延長《えんちょう》でヒトラーとともに戦争への道を突進《とっしん》し、何万人の人びとを殺してきたことだろう。彼は自分がイタリアを、ヨーロッパを支配《しはい》するなど、夢にも思わなかっただろう。ましてやそのコモ湖で処刑され、死体になってイタリア中の見世物になるなどと。

処刑後のムッソリーニらの遺体《いたい》をミラノのロレート広場まで運び、ガソリンスタンドでさらし物にすることを、ヴァレリオ大佐ははじめから心に決めていた。

ちょうど八カ月前、同じ場所で、反ナチ・ファシスト政治犯《せいじはん》一五人がファシスト隊により、処刑された事件があった。遺体は数日間にわたり、見せしめのため、血みどろの姿《すがた》で無残に放置されたのである。

ヴァレリオ大佐は、この事件が念頭にあった。仲間や自分自身の尊厳《そんげん》のために、同じやり方で復讐《ふくしゅう》をしたいと思っていた。彼はムッソリーニらの死体をトラックに積《つ》み込《こ》み、ミラノをめざした。ロレート広場に到着《とうちゃく》したのは、二九日の午前三時頃であった。

広場で、群衆《ぐんしゅう》が眺めたムッソリーニの遺体は見るも無残であった。顔に一発ぶちこまれた弾丸《だんがん》が後頭部に抜け、穴《あな》が大きく裂《さ》けていた。両目を見開いたままの顔ははれぼったくふくれ上がっていた。そこへ、みな思い思いに死体に報復《ほうふく》しはじめた。踏《ふ》みつける人、唾《つば》をはき小便をかける人、死んだ息子《むすこ》五人のためにと、死体にピストルを五発打《う》ち込《こ》んだ中年の女性もいた。

混乱《こんらん》と興奮《こうふん》をおさえるため、パルチザンたちは、遠くからでも見えるように、スタンドの鉄骨に逆さ吊りにすることを思いついた。クラレッタのスカートがまくれて、下着まで見えたので、聖職者《せいしょくしゃ》が出てきて、スカートをピンでとめてやった。

私が見た一枚の写真は、ファシズム体制《たいせい》のフィナーレの場面であった。写真には写っていない「誰」が、これで全員そろった気がした。

タクシーはコモ駅に到着《とうちゃく》した。つきあってくれた二時間のお礼を運転手に言い、料金を多めに渡《わた》

ムッソリーニ

した。ついでに、運転手の名前をたずねた。

「アウグスト」

と運転手は答えた。

アウグストは、コモ生まれコモ育ちだという。彼はにこにこしながら、両手で料金を受け取った。まだ昼前であったが、今日の仕事はおわりだ、という笑顔《えがお》で車に乗《の》り込《こ》み、去っていった。

アウグスト、アゴスト、オーガスト、八月、と口に出したとたん、じんわりと暑くなってきたような気がした。

今は一九九八年の八月なのだ。


ミラノへ向かう列車に乗った。列車の中で、黒い十字架の上の、飾られた花を思い出した。花は束ねられていた。連想ゲームのごとく、ファッショ（束）、戦闘《せんとう》ファッシ、ファシズム、とぼんやり考えた。

ファシズムの語源《ごげん》であるイタリア語の名詞《めいし》ファッショは、「束」とか「団《だん》」を意味する。斧《おの》のまわりを薪《まき》で束ねたファシスト党の標記は、古代ローマの執政《しっせい》官の記章を真似《まね》たものであった。ムッソリーニは戦闘ファッシの名の下に同志《どうし》を集め、これがファシスト党に成長し、二〇余年《よねん》にも及《およ》ぶファシズム体制を築《きず》いた。

パルチザンが、そのファシズムの息の根をとめた。ただ手をこまねいて解放を待ち焦《こ》がれたのではなく、祖国《そこく》のため、ヨーロッパの自由のために、元凶《げんきょう》のムッソリーニを仕留《しと》めた彼らの存在は大きい。

でも、と私は思う。逆さ吊りの写真は、はたしてファシズム体制のフィナーレだろうか。ファシズム（全体主義《しゅぎ》）は、ヒトラーを感心させてナチズムを生み、スターリン主義を生んだ。戦後もネオ・ナチ、ネオ・ファシズムといった現象《げんしょう》の中に生き続けているではないか。黒シャツ隊やアウシュビッツではなく、これまでにないくらい無邪気《むじゃき》な装《よそお》いで、別のファシズムが生まれる可能性《かのうせい》だってある。ヨーロッパではなくても、すぐそばに、すぐ間近に、新たなファシズムが顔を出すかもしれない。いつかまた道に迷《まよ》って、黒い十字架に出くわさないとも限《かぎ》らない。

逆さ吊りの写真は終わりではなく、予告であり、はじまりであり、警告《けいこく》でもあるのだ。過去《かこ》を知りなさい、日常《にちじょう》にぬかりなく視線《しせん》をめぐらしなさい、そう言っているように思える。

コモ湖が完全に遠のいた。私は窓の外を見ながら、束ねた花を十字架に飾りにきた人のことを考えた。ほんの数分で入《い》れ違《ちが》いになったその人物を、あれこれと想像した。ヴェルモンテ荘の主人か、村の住民か、外国から来た私のような観光客か。誰でもいい。もし、会っていたら、きっと声をかけただろう。そして聞いただろう。

なぜ、そこに花を飾るのですか、と。

第二話　サルデーニャからローマへ

フィレンツェからオルビアへ

また、お会いしましたね。

娘《むすめ》のレポートの、ご感想はいかがでしたか。オヤジが手を入れた？　いえ、そんなことはありません。彼女《かのじょ》自身が関心を持って、実地検証《けんしょう》のうえで書いたのです。

二〇代ですが、若《わか》い人の積極性《せっきょくせい》も、まんざらではないですね。はい、これ以上は親馬鹿《おやばか》になりますので……。

今日は、長靴《ながぐつ》の形をしたイタリアの南へと、足を伸《の》ばしていくことにしたいと思います。

マルザボットから、車で二時間あまり走って、ルネサンス美術《びじゅつ》の街フィレンツェに到着《とうちゃく》です。いい町ですね。至《いた》るところに彫刻《ちょうこく》が配置されていて、ミケランジェロの絵画など、保存《ほぞん》された美術品《びじゅつひん》はまさに圧巻《あっかん》です。

でも、ここにも、パルチザン戦死者の記念塔《きねんとう》があります。市の中心部のシニョーリア広場にです。

毎年四月二五日が解放《かいほう》記念日でして、みなさんの休日になっている。広場でおこなわれる式典には、市長をはじめ代表者たちが参列して、レジスタンスを闘《たたか》った勇士たちが招《まね》かれるとか。

ああ、その日に合わせてくればよかったなァ、と思いました。

勇士たちも、今はみな高齢《こうれい》ですが、ナチ・ファシズムから解放を勝ちとった戦士として、市民たちの拍手《はくしゅ》で迎《むか》えられるそのひとときは、なんと誇《ほこ》らしいことだろう。八月一五日が終戦か敗戦か、すぐにやってきたアメリカ軍が進駐軍《しんちゅうぐん》か占領軍《せんりょうぐん》か、どっちつかずに曖昧《あいまい》にされたままの日本的発想からは、およそ考えられぬことです。

そのフィレンツェより、例のピサの斜塔《しゃとう》、ご存知《ぞんじ》ですね。そばまで行ってみたかったけれど、はるか彼方《かなた》にちらと見ながら、港町リボルノへと来ました。次は船旅です。目指すはサルデーニャ島北端《ほくたん》の町オルビアへ。

船旅というと、大部屋にでも寝《ね》ころんで、ほんの数時間足らずと思いがちですが、狭《せま》いながらもトイレ、シャワー付きの個室《こしつ》。もちろん旅行社が手配してくれたのですが、驚《おどろ》きました。かのタイタニック号にはおよびもつかないものの、一万二〇〇〇トンもの客船です。時速四〇キロほどで走って、たっぷり一晩《ひとばん》かかります。ですから、かなりの距離《きょり》ですね。

サルデーニャは、地中海の孤島《ことう》であり、イタリアの秘境《ひきょう》です。四国よりもやや大きめで、人口は一六〇万人余《よ》。ですから孤島というには気が引けますが、ほとんどの日本人の関心外の島を、なぜ旅《りょ》程《てい》に入れたのか。

先に少し調べてわかったことですが、サルデーニャ人は、長いこと独自《どくじ》の歴史を大事にしてきたのです。地図を見てもおわかりのように、イタリアという長靴の先で、ぽんと勢《いきお》いよく蹴飛《けと》ばされたような位置にありますが、孤絶《こぜつ》した環境《かんきょう》による自給自足の生活からでしょうか。根強い民族性《みんぞくせい》が形成されたという。

紀元前から、さまざまな勢力《せいりょく》の直接間接《ちょくせつかんせつ》の侵略《しんりゃく》を受けてきたにもかかわらず、頑固《がんこ》というか不屈《ふくつ》というべきか、決して自分たちの言語を、生活習慣《しゅうかん》を譲《ゆず》らなかったのです。

日本を例にすれば、そう、沖縄《おきなわ》と本土との関係に似《に》ているかもしれませんね。明治時代以前は王国で、独立国《どくりつこく》であった沖縄は自分たちのことをウチナーンチュウと呼《よ》び、ヤマトンチュウ（大和《やまと》の人）とは別な歴史があるわけですが、サルデーニャとどこか共通するところがあります。

イタリア人と呼ばれるのを好まず、あえてサルド人を固執《こしつ》するのには、それなりの歴史と誇りがあってのことかと思いますが、そのせいかどうか、島民のなかからは、イタリア現代史《げんだいし》に欠かすことのできない人材が傑出《けっしゅつ》しています。

その一人をあげるとするなら、アントニオ・グラムシです。

グラムシのこと

グラムシといっても、何よそれ、初めて聞いたわよ、という方が多いかと思います。なかにはミノ虫スズ虫と、間違《まちが》えたり……。

でも、イタリアのレジスタンスを語るのなら、グラムシをはずすわけにはいかない。たとえば、図書館でふと見つけたある本（『世界の国シリーズ④イタリア』）に、こんな記述《きじゅつ》がありました。

「騒然《そうぜん》としたイタリア社会からうまれたふたりの政治家《せいじか》、思想家は、いずれもイタリア近代史がのこした課題に、独特《どくとく》のしかたで解答《かいとう》しようとした。ふたりとは、ムッソリーニとグラムシである」（横山紘一《こういつ》）

ファシズム体制《たいせい》の元凶《げんきょう》ムッソリーニの対極にある人が、反ファシズムの指標となったグラムシだというわけでして、サルデーニャ生まれの彼《かれ》の家みたさに、その人となりに少しでも触《ふ》れられたらと、ローマへ行く途中《とちゅう》の寄《よ》り道《みち》となったのです。一晩《ばん》もかけて地中海を渡《わた》っていくんだから、まあ、とんだ〝寄り島〟かもしれませんがね。

グラムシは、ムッソリーニより八年遅《おそ》く生まれました。が、独裁者《どくさいしゃ》によって約一〇年の獄中《ごくちゅう》生活を強《し》いられた末に一九三七年、四六歳《さい》で亡《な》くなりました。イタリアを代表する思想家の一人です。

しかし、彼はたいへんな苦学力行《くがくりっこう》の人でした。七人もの子を持つ貧《まず》しい家の四番目に生まれて、身体障害者《しょうがいしゃ》でした。幼《おさな》い時にどこからか落ちたのが原因《げんいん》で、背中《せなか》にコブ状《じょう》のものができてしまい、それがどんどん大きくなる一方、身長は終生一五〇センチ止まりだったという。

成績《せいせき》は抜群《ばつぐん》でしたが、体はひどく虚弱《きょじゃく》で、内にこもりがちの性格《せいかく》だったというのも、わかるような気がしますね。やっと小学校を卒業したものの、中学に進学できるゆとりはなく、村の登記所で働きはじめる。一一歳でですよ。一日一〇時間もの労働で、やっと一キロのパンが買えるほどの収入《しゅうにゅう》でしかなかったのです。

疲《つか》れやすい体のハンディに加えて、最底辺の逆境《ぎゃっきょう》が、すでに少年期から、社会的不公正に対する批判精神《ひはんせいしん》となったのでしょう。それをバネに独学《どくがく》で学習をつづけ、職《しょく》を得た兄たちの援助《えんじょ》で、二年も遅《おく》れて中学から高校へ。次いで奨学生試験《しょうがくせいしけん》に合格《ごうかく》、島を離《はな》れて、イタリア北部のトリノ大学へと進みます。

といっても、奨学金はごくごくわずか。冬がきても外套《がいとう》もないような窮乏《きゅうぼう》生活から、労働運動へ飛びこみます。はじめは社会党《とう》に属《ぞく》していながら、その改良主義《しゅぎ》に見切りをつけて、一九二一年にイタリア共産党の創設《そうせつ》に参加、指導者《しどうしゃ》となる。

ついに国会議員にも選ばれて、ファシズム政権《せいけん》と真向から対決したけれど、二六年に逮捕《たいほ》、投獄《とうごく》。形ばかりの裁判《さいばん》で、首席検事《けんじ》がグラムシを指して、こう言ったのが有名です。

「われわれは二〇年間、この頭脳《ずのう》が働くのを妨《さまた》げておかなければならない」

しかし、転んでもただでは起きぬというか、監獄《かんごく》をおのれの学習室に変えたグラムシは、思想的な探究《たんきゅう》を二九冊《さつ》もの『獄中ノート』に記したのです。それが戦後に刊行《かんこう》されてから、広く世界に知られるようになる。思想の深さ、感受性《かんじゅせい》の鋭《するど》さ、豊《ゆた》かな文化性《ぶんかせい》は、大きな反響《はんきょう》を巻《ま》きおこし、イタリア三大文学賞の一つを受けたほどです。

グラムシは、イタリア共産党を、ソ連の全体主義とは違《ちが》う、人間の血の通った党に育てた人物といえるかもしれません。

別人のようなデスマスク

そのグラムシの家は、島のほぼ中間地点の、ギラルツァという町にありました。人口四五〇〇人、まあ、町というよりも、村という感じですね。

ウンベルト一世街といって、名前だけは立派《りっぱ》なんですが、ほんの横丁みたいな通りに面した家は、まことにつつましいものでした。白壁《しろかべ》に正方形の単純《たんじゅん》な窓《まど》が三つ。入口は、蓋《ふた》のようなドア。二階建てで四室ほど。それでも今はミニ記念室になっています。

階下には、『獄中ノート』などの遺品《いひん》が展示《てんじ》されていましたが、正面壁にまだ若かりしグラムシの顔写真が、大きなパネルになっています。やや縮《ちぢ》れ毛《げ》の頭髪《とうはつ》に、広い額《ひたい》の角張《かくば》った顔。鼻メガネの奥《おく》の目は澄《す》んで、引きしまったほおと、強い意志《いし》を示《しめ》す口もとは、いかにも理知的です。

ところが、展示されたデスマスクは、これは別人ではないかと思うほどむくんでしまって、目を閉《と》じているせいか熟柿《じゅくがき》のよう。一〇年余の獄中生活が、グラムシをここまで追いやったのだと思わざるを得ません。その肉体はもはやぼろぼろになってしまったけれど、研《と》ぎすまされた思考だけはいささかも衰《おとろ》えることなく、明晰《めいせき》に働きつづけたのでしょうか。

二階には、グラムシが使っていたベッドや机《つくえ》が、そのままの状態《じょうたい》で配置してあります。ベッドのわきに、彼が独房《どくぼう》でノートをつける姿《すがた》を描《えが》いた一枚《いちまい》の油絵。季節は冬なのか、なんとも冷えびえとした感じ。鉄格子《てつごうし》のはまった小さな窓を頭上に、ペンを持つグラムシの横顔は青白く、その背《せ》はもっこ

グラムシを献身的に支えた妻の姉
タティアーナ

思想家アントニオ・グラムシ

りとして、まるで大荷物でも背負《せお》っているかのよう。

彼は障害《しょうがい》者なのでした。

「ノートルダムのせむし男」ではないけれど、背中のこぶはますます奇怪《きかい》に突出《とっしゅつ》していって、生まれつき虚弱な体に、どんなに過重《かじゅう》な負担《ふたん》となったことか。見ているだに痛《いた》ましく、やりきれない気持ちになりました。

そのグラムシを、最後まで献身的《けんしんてき》に支《ささ》えた女性《じょせい》がいます。妻《つま》の姉のタティアーナです。妻ジュリアとの間は、いつしか冷えこんでしまったのです。無理もないですね。一〇年余も獄中にいる反体制《はんたいせい》の夫に寄《よ》り添《そ》うにしては、息詰《いきづ》まるような圧制《あっせい》下に二人の子を抱《かか》えた生活苦で、心身ともにゆとりを失ったのではないのか。

息も絶えだえとなったグラムシが、ひそかに夢見《ゆめみ》たのは、生まれ故郷《こきょう》サルデーニャの地でした。

もしも自由になったら、郷里《きょうり》に帰って適切《てきせつ》な治療《ちりょう》を受けたいと口にしていたその家を、私《わたし》たちは思うがままに出入りすることができる。一階から二階へ、そして裏《うら》のこぢんまりとした中庭へと。なんでもないことのようだけど、「自由」の二字にこめられた重さは、グラムシの悲痛《ひつう》な心中を思う時、はかり知れないものがあります。「自由」とは、たったの二文字です。しかし、ファシズムの嵐《あらし》の荒《あ》れ狂《くる》う時代に、それを求める旗手には、なんと深刻《しんこく》な勇気と闘いが必要だったことだろう。

私はふたたび、ここに来る機会があるのか、どうか……

いえ、たぶん一回きりのチャンスでしょうね。それを思うと、なんとなく後《うし》ろ髪《がみ》を引かれる感じが残りました。

カリアリの町にて

またまた車を飛ばして、先へ先へと足を伸ばしました。島の南端《なんたん》へ、と。

サルデーニャは、秘境といわれるだけのことはあります。ぎざぎざの岩山が突出するところ、平地には時に牛がのんびり群《むれ》をなしていましたが、また次の丘《おか》がいきなり隆起《りゅうき》して、エメラルド色した海との対比《たいひ》が鮮《あざ》やかです。日射《ひざ》しは強く、気の遠くなるような海の広がりを目にしながら、椰子《やし》の木立ちのある通りを抜《ぬ》けて、やたらと坂道だらけの町カリアリへ着きました。

ここは、サルデーニャの州都ですが、人口は二〇万人ちょっとだそうで、私の住む東京・足立区の半分にも足りません。

港の見える小さなホテルに旅装《りょそう》を解《と》いて、ほっと一息。まずは熱いカプチーノを飲んでくつろぎながら、未知なる町の市街地図を見ました。事前に読んだ資料《しりょう》に、ちらと出ていたのです。カリアリには、グラムシ広場があると。それはいったいどのあたりだろうか。

一七歳のグラムシが、製氷《せいひょう》工場に働く兄をたよって、兄の下宿からカリアリの高校へ進学したのは一九〇八年秋でした。その兄は兵役《へいえき》についていた頃《ころ》に、社会党の機関紙『アヴァンティ！』を読んでいて、社会党員だったのです。

この兄を通じて、彼のサルデーニャ主義に、新たな知的刺激《しげき》が加わったといえる。すでに港湾《こうわん》労働者のストライキから、タバコ工場の女子労働者へと、サルデーニャの労働運動は火を噴《ふ》いていました。元はといえば、鉱山《こうざん》労働者のストに軍隊が出動して発砲《はっぽう》、三人の鉱夫《こうふ》が殺された事件《じけん》から、本土への憎悪《ぞうお》が一気に拡大《かくだい》したのです。

正義《せいぎ》心の強い多感な青年グラムシが、これに無関心でいられるはずがない。弟は兄につづいてマルクスの論文《ろんぶん》を読みはじめ、社会主義運動に関心を持つようになっていったのです。不自由な体のグラムシが、兄とともに暮《く》らした下宿は、どのへんにあったのだろう。八〇年も昔のことでは、わかるのはせいぜいグラムシ広場くらいかもしれません。

地図を念入りに見ていくと、カリアリの町は港に面した大通りが、ローマ街と呼ばれている。現地《げんち》で入手した地図ですから、読みにくいのが難点《なんてん》ですが、大通り沿《ぞ》いの中央駅の右に市庁舎《しちょうしゃ》があって、その前がMatteotti広場です。おや、と私は目をこらしました。

マッテオッティとは、人名でして、彼は社会党の国会議員で、勇気ある人でした。一九二四年に国会でファシズムを糾弾《きゅうだん》した直後、ムッソリーニの刺客《しきゃく》によって暗殺されたのです。この頃《ころ》はまだ民主主義は多少は健在《けんざい》でして、独裁者への批難《ひなん》の声にファッショ政権は一大危機にさらされたのですが、ムッソリーニは、暴力的《ぼうりょくてき》な大弾圧《だいだんあつ》で乗り切ったのです。

マッテオッティ広場の右へと目を移《うつ》していくと、やはり大通りに沿《そ》って、アメンドラ広場。この人もまた、反ファシズムで節《せつ》を曲げなかった闘士《とうし》です。その正面から北へ向かうサンニノ通りを少し行った先に、Piazza Gramsci と出ている。

「あった！」

と、思わず声を上げたくなりました。

ホテルから、そう遠くはない。グラムシ広場は、ほんの一〇分足らずで行けそうな距離《きょり》です。人名をつけた広場は、みな小公園になっていて、地図面からも緑色で判別《はんべつ》できるようになっている。市民たちの憩《いこ》いの広場は、イタリアの反ファシズム闘争《とうそう》ゆかりの場にもなっているわけでして、なんと便利なことか。これなら戦後世代も、近現代史《きんげんだいし》に日常的《にちじょうてき》な親近感を持てるかもしれませんね。

彫刻家《ちょうこくか》ショラ氏宅《たく》へ

しかし、その前に、行くところがありました。近郊《きんこう》のサン・スペラーテという町に住む、ある彫刻家宅です。

というのは、島でどこか家庭訪問《ほうもん》ができたらいいなと、事前に現地旅行社に要請《ようせい》してあったからです。

待っていてくれたのは、島の著名《ちょめい》な芸術家《げいじゅつか》の、ピヌチオ・ショラ氏。その歓迎《かんげい》たるや、ドギモを抜かれました。ちょっとした広場に、石のステージ、石の椅子《いす》がいくつもあって、ステージでは若い音楽家がチェロでバッハの曲を弾《ひ》いている。

音大生が練習でもしているのかな、と思いましたら、そうじゃないんですよ。私たちの歓迎なんですよ。椅子に腰《こし》かけると、小さなカップにコーヒーと、お菓子《かし》のおもてなし。涼《すず》しい木立《こだち》に風がさやさやと吹《ふ》いてきて、いい気持ちでいたところ、突然鈴《とつぜんすず》の音とガラガラ賑《にぎ》やかな音を立てて、飾《かざ》りつけも派手《はで》やかな馬が、オリーブの木と月桂樹《げっけいじゅ》をつけた荷車を引いてやってきました。その後にも、同じような荷台つきのトラクターがつづいています。

はてな、どこか植樹《しょくじゅ》にでもいく一隊かな、と思いますよね。

そこへ、町長と連れ立った彫刻家がやおら登場して、「ボンジョルノ！」と握手《あくしゅ》。五十年配のショラ氏は、身長こそ私くらいですが、陽気な赤ら顔ではち切れそうな体躯《たいく》です。半袖《はんそで》シャツのボタンがしまらぬほどの太鼓腹《たいこばら》に、デニムのズボン、おまけに裸足《はだし》でした。

その足元に、思わず目を見張《みは》れば、アハハハと声高《こわだか》に笑って、

「私は、土と石と一緒《いっしょ》の体なのです」

さあ、乗れ、と、すぐ横にきた馬の荷台へ手招《てまね》きします。

そこで気づいたんですが、石のステージも椅子も、みな彼の作品なんですね。

楽隊を先頭に町なかを練り歩いて、到着したアトリエは、緑に囲まれた野外でした。さまざまな形をした大小無数の石の芸術《げいじゅつ》作品が林立している。それこそ奇岩《きがん》庭園にでも迷《まよ》いこんだよう。彼はサルデーニャにはるかな昔からある自然の花崗岩《かこうがん》に目をつけ、それらの石にふたたび生命をつぎ込《こ》むことによって、自然の魂《たましい》の表現法《ひょうげんほう》を発見したのだという。

といいましても、一見して奇妙《きみょう》奇天烈《きてれつ》な作品群《さくひんぐん》なんですが、裸足《はだし》で大地を踏《ふ》みしめて、自然のままに生きる彫刻家には、まったく驚きました。原始人に似て、圧倒《あっとう》されるような素朴《そぼく》なたくましさがあります。生活の便利さや合理性《ごうりせい》にばかり気をとられていると、ロクなことはないぞ、といわんばかりです。

その気骨《きこつ》のある生き方には、思想家グラムシと、どこか共通するものがあるかのような。どうも、そんな気がしてならなかったのです。

それから、彼の家で丸焼きの仔豚《こぶた》などのごちそうを前にして、飲めや歌えの大騒《おおさわ》ぎとなりました。クーラーなんかないので、汗《あせ》びっしょり。でも、楽しかったですね。なんとも陽気で開放的な人たちでした。イタリア人の典型といえるかもしれません。

ショラ氏は、サッサリ大学で授業《じゅぎょう》のない時や、世界各地での個展《こてん》がない時は、誰《だれ》でも自分のアトリエに招くのだといいます。が、すべての観光客にそんなもてなしをしていたら、とうてい身が持ちませんね。

あるいは、私が日本の作家のはしくれということでとくに歓待《かんたい》してもらえたのかもしれないけれど、

裸足の彫刻家・ショラさんと（左）アトリエの写真（右）

グラムシの生まれた地で、青い空と緑と、自然のオゾンと、人間的な活力をたっぷり得られたのは幸せでした。だって、そのあとには、背筋《せすじ》が寒くなるようなきびしい取材が、待ち受けていたんですから。

古代遺跡《いせき》が忽然《こつぜん》と

次は、いよいよローマです。

「すべての道はローマに通ず」ではないけれど、カリアリから空路小一時間ばかりで、ローマのレオナルド・ダ・ヴインチ空港に着きました。ますます強烈《きょうれつ》な日射しです。日陰《ひかげ》を選んでいくより仕方ありませんが、街を歩いていると、ふいに目の前に、古代からのさまざまな時代の遺跡《いせき》が忽然と現《あらわ》れる。はるかな過去《かこ》が現存《げんそん》して、生きつづけている。ローマならではの独特の魅力《みりょく》といえるかもしれませんね。

しかも、それらが今をさかのぼること、二〇〇〇年からのものなんですから、オドロキです。

たとえば、街の中心地に近いコロッセオ。六万人もが収容《しゅうよう》できたという大円形競《きょう》技《ぎ》場《じょう》ですが、西暦《せいれき》七二年に造《つく》られたという。数世紀にわたって荒《あ》らされてきたので、残されている外郭《がいかく》部分はかつての半分近くなんですが、それでも見上げるばかりの威容《いよう》です。

カラカラ浴場。一六〇〇人もが同時に入れたという大浴場跡《あと》ですが、二一七年に造られました。運動場や娯楽施設《ごらくしせつ》まであって、古きローマの社交場になっていたんですね。

ローマは、いったいいつごろ建国されたのか。紀元前七五〇年だという説がありますが、共和制《せい》の幕開《まくあ》けは、それより二〇〇年ぐらい後とされています。

まだ中国の秦《しん》の始皇帝《しこうてい》が全土を統一《とういつ》する前で、日本なら縄文《じょうもん》時代ですか。古代史の謎《なぞ》とされるあの邪馬台国《やまたいこく》の女王卑弥呼《ひみこ》が、魏《ぎ》に使者を送ったのは二三八年頃《ごろ》ですからね。気の遠くなるほど古い歴史が、具体的に目に見える形として残されているのです。

それというのも、ローマをはじめイタリアの諸都市《しょとし》は、第二次世界大戦で空爆砲撃《くうばくほうげき》による決定的な戦場になっていなかったからです。いちはやく降伏《こうふく》し、連合軍についたおかげといえる。友国ドイツが敗北したあとも、まだ死闘《しとう》をつづけていた日本軍国主義の猪突猛進《ちょとつもうしん》ぶりというか、その短絡的《たんらくてき》な愚《おろ》かさがつくづく思い知らされるではありませんか。

しかし、イタリアは戦禍《せんか》をまぬがれたばかりではない。古いものは古いままで大事にしていくことこそほんものの文化なんだという思想が、市民にも行政《ぎょうせい》にも徹底《てってい》していますね。

たとえば、映画《えいが》「ローマの休日」のロケ地になったスペイン広場や、トレビの泉《いずみ》など、私もお上《のぼ》りさんよろしく、まあ、一応《いちおう》は見てきましたがね。驚《おどろ》いたことに、記憶《きおく》に残るシーンが、ほとんどそのまんま。

清楚《せいそ》な白のブラウスにロングスカートのヘップバーンが、例のジェラートをなめながら、今にもひょいと現れそうな、そんな錯覚《さっかく》にとらわれたのは、私だけでしょうか。いや、みなさんだって、きっと同じだと思いますよ。ローマのスペイン階段《かいだん》に立てば、のお話です。

調べてみましたら、あの映画は一九五三年の作品です。なんと半世紀近くが過《す》ぎようとしているのに、ロケ地の舞台《ぶたい》周辺がほとんど変わらずにあるなんて、信じられないというか、まったくみごとですよね。

当時のヘップバーンは二四歳。王女らしく気品があって、優雅《ゆうが》で愛くるしい面影《おもかげ》を、多くの人びとの心に鮮明《せんめい》に残しました。女優《じょゆう》さんっていいですね。ずっといつまでも、青春の輝《かがや》きのまんまなんですから。なにしろ映画ファンでして、こんな話をしていたら、いくら時間があっても足りません。

トレビの泉の横丁で

しかし、以上のローマの旧所名跡《きゅうしょめいせき》は、朝から晩まで大勢《おおぜい》の観光客でごった返していて、スリや置き引きなど、物騒《ぶっそう》な人たちの大活躍《だいかつやく》の場でもあります。長居《ながい》は無用。トレビの泉を後にして、すぐ横丁から裏道《うらみち》へと抜けて、ぶらぶら歩いてきましたら、妙《みょう》な記念碑《きねんひ》とデスマスクを飾った家を見つけました。いやいや、ガイド氏が教えてくれたのです。

アルデアティーネの犠牲者ジュゼッペ・チェラーニ氏（切り込み写真）の記念碑が、トレビの泉の横町を入ったアパートの壁に飾られていた

86と番地名のある赤茶けた壁《かべ》の古びた集合住宅《じゅうたく》でして、デスマスクの下には大きな造花《ぞうか》の花輪リースと、色あせた紅白《こうはく》のリボンが垂《た》れている。

碑文《ひぶん》には、なんと書いてあるのか。かなり高いところで、しかもデスマスクの陰《かげ》になっている文字もあったりして判《はん》読《どく》しにくいのですが、それでも、FOSSE ARDEATINEは、かすかに読めます。FOSSEとは洞窟《どうくつ》です。その下に1944.3.24の日付けも……

「ジュゼッペ・チェラーニ、四二歳。祖国《そこく》の自由のために闘い、一九四四年三月二四日のアルデアティーネ洞窟の虐殺《ぎゃくさつ》で、生涯《しょうがい》を閉じる」

と、書いてあるのだそうです。

少し詳《くわ》しく事情《じじょう》を聞けたらと、いかにも頑丈《がんじょう》そうな扉《とびら》をたたいてみましたが、お留守《るす》のようで、返事はありません。（翌日《よくじつ》、ふたたび行ってみましたら、ご本人の遺族《いぞく》はかなり前へほかへ移って、今はなじみのある方はいないとのことでした）

アルデアティーネ！　ああ、いよいよ来たなという思いで、私は観光気分もどこへやら、取材者としての自分をにわかに意識《いしき》しました。

アウシュビッツなら知っているが、それは何かとお尋《たず》ねになりたいでしょう。それには、ここで、アルデアティーネの大虐殺《だいぎゃくさつ》について、ほんの少し説明しなくてはなりません。惨劇《さんげき》の発端《ほったん》となったラッセラ事件から、はじめませんと。……

事件の起きたラッセラ通りは、ローマの中心地でして、トレビの泉から北東へ歩いて一〇分ばかり。かつてムッソリーニが執務《しつむ》していたヴェネチア宮殿《きゅうでん》の、すぐ横にあります。行ってみましたが、古びた石造《いしづく》りの建物のひしめく狭い通りで、やや登り坂になっています。

一見して、ローマの庶民街《しょみんがい》でしょうか。ここは車を止めていいのか、右側にマイカーが並《なら》んで、黒ずんだ石畳《いしだたみ》の道です。

もっとも、当時はマイカーなどはなかったから、人びとの通行に障害はなく、道幅《みちはば》はもっと広く感じられたのではないか。といっても人気《ひとけ》はゼロ。西日が斜《なな》めに射《さ》しこんで、閑散《かんさん》としています。とくに事件についての標示《ひょうじ》もありません。

すぐ鼻先のトレビの泉には、どこからこんなに人が集まってきたかと思えるような大雑踏《だいざっとう》と喧騒《けんそう》ぶりだったのに、急に潮《しお》が引いたみたいな無人街です。

それがかえって不気味で、いかにも人が寄りつきたくない不吉《ふきつ》な場所であるかのような。私はついに今回の旅の核心《かくしん》部分に踏《ふ》み込んだような気がして、かすかな戦慄《せんりつ》を覚えずにはいられませんでした。

ラッセラ事件と大虐殺

連合軍が南から急進撃し、ローマ占領《せんりょう》ドイツ軍もいよいよ臨戦態勢《りんせんたいせい》に入った一九四四年三月二三日、午後二時過ぎのこと、ラッセラ街で大爆発《だいばくはつ》事件が発生したのです。ちょうどそこを行進中だったナチ武装親衛隊《ぶそうしんえいたい》三三名が即死《そくし》、重軽傷《じゅうけいしょう》を負った者のうち一人が後に病院で死んだことから、死者は三三名になりました。パルチザンの愛国行動隊のしわざです。いつも同じ時間に同じ順路で、重要拠点《きょてん》をパトロールする親衛隊をねらったのです。かれらは市の清掃夫《せいそうふ》の制服《せいふく》で変装《へんそう》し、ゴミ運搬車《うんぱんしゃ》に強力な爆弾《ばくだん》をセット、点火後一分で爆発《ばくはつ》するようになっていたという。点火と同時に清掃服を脱《ぬ》ぎ捨《す》てて、さっと現場《げんば》から走り去ったのです。うまく逃《に》げおおせることができました。

毎日新聞の元ローマ特派員《とくはいん》だった木村裕主《ひろし》氏の『ムッソリーニの処刑《しょけい》』は、おそらく事件の全容《ぜんよう》を伝えた唯一《ゆいいつ》の日本語版《にほんごばん》資料かと思いますが、同書によれば愛国行動隊の首謀者《しゅぼうしゃ》は、ロザリオ・ベンテイヴェンガ、カルラ・カッポーニという若い男女です。彼はローマ大学医学部の学生、彼女は化学研究所に勤《つと》めたことのある恋人《こいびと》たちでした。どちらも化学には明るく、爆薬《ばくやく》作りの技術《ぎじゅつ》はプロ級だったとか。

平和時の現代《げんだい》からみれば、「やり過ぎ」の批判は容易《ようい》ですが、ドイツ軍の暴虐《ぼうぎゃく》を許《ゆる》してはおけず、戦争を早く終わらせるために、あえて占領軍に挑戦《ちょうせん》した若者《わかもの》たちの一途《いちず》な行動であったかもしれません。ですから、たんなるテロ事件ではなくて、パルチザンの「ラッセラ襲撃《しゅうげき》」という人もいます。しかし、その報復《ほうふく》は、かれらの想像《そうぞう》を絶《ぜつ》するばかりに、恐《おそ》るべきものでした。激怒《げきど》したヒトラーは、ラッセラ全域《ぜんいき》を爆破《ばくは》し、死んだ親衛隊員一人につき市民五〇人を処刑せよ、と指令。しかも二四時間以内にやれ、というんです。いくらなんでもそれは無理でして、何度かやりとりをしたあと、やっと決着がつきました。一人対一〇人と。それでも三三〇人になりますね。どこからどのように集めて、どこでどう処刑するか。

この大役の直接指揮《しき》をとったのは、親衛隊中佐《ちゅうさ》のヘルベルト・カプラー。ゲシュタポ・ローマ地区司令官です。

なにしろ急を要することで、しかも秘密《ひみつ》を保持《ほじ》しなくてはならない。彼は刑務所《けいむしょ》などに収容されている政治犯《せいじはん》や死刑囚《しけいしゅう》をかき集め、それにユダヤ人を加えて、とにかく指定数を調達すると、何台ものトラックで市街地南部の洞窟へと連行します。

それが、アルデアティーネと呼ばれている大規模《だいきぼ》な坑道《こうどう》で、レンガの原材を採掘《さいくつ》したところ。カプラーの指揮のもと、処刑者たちはみな後ろ手に縛《しば》られ、五人ずつが次つぎと洞窟内《どうくつない》へと追い立てられて、前かがみにひざまずいた姿勢《しせい》の後頭部から、拳銃弾《けんじゅうだん》を打ちこまれていったのです。

やみくもに殺された人たちは三三五人。全員の銃殺《じゅうさつ》が終わったのは二四日の夜半から、翌日未明にかけてでした。ヒトラーの指令によれば三三〇人の処刑者でよかったものを、あまりにあわてたせいか五人多く、それが後にカプラーを終身刑《しゅうしんけい》にする判決《はんけつ》理由となったのでした。

極秘《ごくひ》のうちにおこなわれた大虐殺が、なぜ発覚したか。かれらは犯行《はんこう》を隠滅《いんめつ》するために、洞窟の入口を爆破して塞《ふさ》いだのだが、しかし現場近くに目撃者《もくげきしゃ》がいました。一人の農夫でした。彼は四〇日後にやってきた連合軍にことの次第《しだい》を報告《ほうこく》し、事件が明るみに出たというわけです。

未公開の洞窟内へ

おぞましくも凄惨《せいさん》な現場へ、その洞窟へと足を向けました。

市内から、それほど遠くはありません。例のコロッセオよりカラカラ浴場跡の前を南下して、旧《きゅう》アッピア街道《かいどう》の裏手《うらて》になっている。うっそうとした雑木林《ぞうきばやし》のなかの、記念ゾーンです。今はレジスタンスの「聖地《せいち》」でして、ナチ・ファシズム糾弾の史跡《しせき》でもあります。

ローマには、日本人観光客が溢《あふ》れているのに、ここまで来る人はめったにいないようです。イタリア在住《ざいじゅう》三〇年のガイド氏も、実は初めてだそうで、へえっ、そんなものなのかと、かえってこちらのほうがタジタジですね。

よし行くぞで、蔦《つた》のからみ合った模様《もよう》のブロンズ門を入ると、すぐ左手の石垣《いしがき》上に、両手を縛られた三人の男の立体像《りったいぞう》。恐怖《きょうふ》に脅《おび》えた顔の少年と、がっくり首をのけぞらした老人、胸《むね》をはだけてきっと空を見上げる労働者ふうの男。フランチェスコ・コッチャ作の、自由を奪《うば》われた群像《ぐんぞう》です。そして、赤白緑のイタリアの三色旗が、紺青《こんじょう》の空に鮮やかです。

広場の先には、赤茶けた岩肌《いわはだ》をくり抜いた、トーチカのような入口がいくつか。さらに進むと、洞

アルデアティーネ洞窟の入口

窟の左側に多くの犠牲者《ぎせいしゃ》を出した都市町村名が出ている。先に訪《たず》ねたマルザボットの文字もあります。一般《いっぱん》に公開はしていないという右側の入口から、洞窟内へ。

高さ幅《はば》とも、二メートルくらいでしょうか。いかにも坑道の感じで、各所にわずかの照明はあるものの、地下へ下がる道は暗く少しぬかっています。ぬめぬめとしていて、今にも滑《すべ》りそう。当時のままを残したそうで、なんとも不気味です。

三叉路《さんさろ》まできて、その一方へと案内されましたが、沖縄の自然洞《ガマ》ではないけれど、想像以上に複雑《ふくざつ》で、しかも奥行《おくゆ》きはかなり深いのです。が、ほどなくして、虐殺地点に着きました。そこは斑《まだら》模様の壁に燭台《しょくだい》の赤い灯《ひ》が、ぽつんと。ローマ法王から贈《おく》られたランプです。その明りに照らされた壁には、次のような碑文が。

「ここで、われわれは殺された。戦慄すべき生贄《いけにえ》として。よりよい祖国イタリアと人民の自由ではてしない平和は、われわれの犠牲《ぎせい》のうえに生まれるだろう」

犠牲者を主体にした文章ですが、まるで血塊《けっかい》のような赤い灯の横に立って、訳文《やくぶん》を耳にしながら、重々しい迫力《はくりょく》に息が詰《つ》まる感じ。惨劇の修羅場《しゅらば》を連想せずにはいられません。

パルチザンの勇士たちが多かったそうですが、まさに生贄です。自分たちが死んだあとに、祖国と人びとの平和を考えるゆとりなどはなかったはず。しかし、そうとでも書かないことには、かれらの悲痛な犠牲は浮《う》かばれませんよね。

それにしても、と私は考えました。資料によれば、ここで処刑にあたった親衛隊員は、カプラー中佐の指揮で、途中で何度もコニャックをラッパ飲みにしながら、ひざまずかされた人たちに拳銃弾を連発したという。いくら命令とはいえ、普通《ふつう》の神経《しんけい》ではとうていもたなかったから、酒も必要だったのか。その神経や感性《かんせい》は、ゆるんだゴム紐《ひも》みたいに鈍麻《どんま》し、弛緩《しかん》していったのかもしれない。

やがてはアルコール抜きでも、殺戮《さつりく》が平然と可能《かのう》になる。無感覚になる。罪悪感《ざいあくかん》も恐怖感もなくなる。それが、戦争の実態《じったい》なんだといえるかもしれませんね。

地下道をさらに進むと、思いがけず、天井《てんじょう》から太陽の光がさしこむところに出ました。頭上に丸い穴《あな》がぽっかりと。ほっと一息ですが、ここが地雷《じらい》の爆破跡だとのこと。証拠《しょうこ》隠滅のため、ナチは死体だらけの洞窟を密閉《みっぺい》したのです。

三三五人の集団墓地《しゅうだんぼち》

洞窟を抜けると、次は犠牲者たちが、半世紀以上も眠《ねむ》りつづける集団墓地です。

階段を何段《なんだん》か降《お》りた地下でして、かなりの広さです。周囲が部厚《ぶあつ》い壁で被《おお》われ、六本の柱で支えられる石の天井は低く重苦しく、細い直線状《ちょくせんじょう》の隙間《すきま》から、外部の光がわずかに入るだけ。その下に黒い御影石《みかげいし》の棺《ひつぎ》が並んでいる。みんな均一《きんいつ》に、ずらっと七列に。

一枚岩《いちまいいわ》の低い天井は、ファシズムの暴虐と重圧《じゅうあつ》を象徴《しょうちょう》していて、それをはねのけるべくレジスタンスに倒《たお》れた犠牲者たち、とも受けとれます。石棺《せっかん》の蓋には、月桂樹をあしらった中心部に生前の顔写真がはめこまれ、氏名、年齢《ねんれい》、職業《しょくぎょう》、出身地が刻《きざ》まれています。また十字架《じゅうじか》とダビデの星の違いは、キリスト教徒とユダヤ教など、それぞれの宗教《しゅうきょう》を表しているのでしょう。

犠牲者は三三五人。その職業はまちまちですが、司祭が一人で、七〇人がユダヤ人だったという。みな男性《だんせい》で、パルチザンとは無関係な者も適当《てきとう》に、数合わせで集められたのです。ラッセラ襲撃事件の関係者は、一人もいませんでした。年齢は一四歳から七五歳まで。ただし、どうしても身元のわからなかった一二人が含《ふく》まれるという。

棺の前には、献花《けんか》があるのとないのとがあります。色鮮やかな花束は、遺族が足しげく訪《おとず》れている証拠ですが、それほど多くはない。一家で何人も犠牲になった例もあるだろうし、半世紀以上も経過《けいか》した今、残された遺族たちは子どもから孫の世代になるわけです。

ここまでくると、私たちのほか、狭い通路を行く人影《ひとかげ》がちらほら。一見してそれとわかる修道尼《しゅうどうに》のグループもいれば、幼子《おさなご》の手を引いた若い男女もいます。みなひっそりと沈痛《ちんつう》な横顔です。どなたのお墓にきたのですか、と聞きたいところでしたが、その勇気がありません。

惨劇の洞窟内（右）と犠牲者最年少のチペイ・ダリオ君（上）、その兄と思われるチペイ・ジーノ君

「この人が最年少ですよ」

横にいたガイド氏が、ふと小声で教えてくれました。

No.11の棺の前です。ダビデの星マークがついている。CIBEI DALIOの氏名の下に、1929.1.18の生年月日に、ローマと記されています。顔写真のダリオ君は、一四歳、建築《けんちく》業《ぎょう》。白い襟《えり》を出した上衣に浅黒いほお、きょとんとした目で、かすかに口を開いています。親しみやすい表情《ひょうじょう》です。

その左隣《ひだりどなり》のNo.10は、CIBEI GINO 1924.5.13に、やはりローマ生まれの一七歳、機械工。姓《せい》は同じです。

「あれ、こちらのジーノ君は、もしかしてお兄さんかな?」

「なるほど。顔もよく似ている。きっとそうですよ」

「普通、この年頃だと学生のはずですが、もう働いてたんですね」

「当時は貧しかったんですよ。とくにユダヤ人は……」

と、ガイド氏が、つぶやくように言いました。

かれらはユダヤ人なるが故《ゆえ》に、ナチの「劣等《れっとう》民族」の生贄にされたのか。それとも反ナチの戦列に参加したのか、どうか。もし生きていたとすれば、私よりも少し上です。まだ十代でやみくもに生命を絶《た》たれ、どんなに口惜《くや》しかったことか。

そこから奥まったところのNo.42で、ジュゼッペ・チェラーニ氏の棺を見つけることができました。ほら、先にトレビの泉の裏手に住んでいた方です。ローマ生まれの四二歳、食糧《しょくりょう》管理局の検査官《けんさかん》。額《ひたい》の広い端正《たんせい》な表情です。もちろん妻子《さいし》もいただろうに、家族は彼の死をどう受けとめ、その後どうなったことでしょうか。

たった一人の司祭犠牲者は、No.116のピエトロ・パパガッロ神父で五五歳、肉付きのいい柔和《にゅうわ》な顔立ちで、かすかに口元をゆるめています。私は思わず黙礼《もくれい》せずにはいられませんでした。

「息子《むすこ》たちよ、さようなら」

しかし、まだ先があって、次は記念館です。

といっても、霊場《れいじょう》が主体なせいか、これはほんとうにこぢんまりとしたもの。学校の教室ほどの空間に、事件関係の諸資料《しょしりょう》がわかりやすく展示してあります。

壁面《へきめん》に掲《かか》げられた記録写真から、虐殺の証拠品《しょうこひん》や遺品などを、順ぐりに見ていきました。

首都ローマへと北上する連合軍と、各地でゲリラ戦を展開《てんかい》するパルチザン部隊のスナップに交って、例のラッセラ事件を伝える写真も何枚《なんまい》か。清掃車《せいそうしゃ》に仕掛《しか》けられた手造《てづく》り爆弾で、あの狭い道に累々《るいるい》と横たわる親衛隊員の死体のほか、ホールドアップで尋問《じんもん》を受ける市民たち。犯人追及《はんにんついきゅう》のローラー作戦は、ラッセラ街を中心にして、おそらくシラミつぶしにおこなわれたことでしょう。

ガラスケースの一つは、犠牲者たちの遺品です。ハンカチやネクタイ、財布《さいふ》、本人のスナップに身分証明書《しょうめいしょ》入りの手帳など。もう一つは加害者側のもので、処刑に使われた自動拳銃、弾丸《だんがん》、機関銃《きかんじゅう》、親衛隊の帽子《ぼうし》や制服、卍じるしのナチのバッジ、司令官カプラーの指令書も。よくよく見ると、かれらの帽子には、髑髏《ドクロ》マークがついている。やはり、殺人専門《せんもん》部隊だったのです。

ローマ解放後、洞窟内の死体が発掘《はっくつ》された時の、現場写真もあります。さらにイタリア法医学者による検視《けんし》確認《かくにん》中の写真も何枚か。これはあまりにもすさまじくなまなましく、とうてい正視《せいし》するに耐《た》えられません。なにしろ、事件から三カ月後の遺体《いたい》ですからね。一通りを見終えたところで、説明の職員《しょくいん》はケースの鍵《かぎ》を開けて、特別に遺品のいくつかを取り出してくれました。

獄中から家族たちに送った手紙や葉書《はがき》類は、すでにみな黄ばんでいますが、その一枚は家賃《やちん》の領《りょう》収証《しゅうしょう》です。裏に走り書きのメモが。

「息子たちよ、さようなら。また天国で会いましょう。お母さんによろしく。プロスベリ・アントニオ」

さらに書き加えた一行の、「親愛なるディアーナ……」とは、奥さんの名前でしょうか。突然に引っ立てられていくことになった彼は、死を察して、ごく短時間に最後の思いを書きとめたのでしょう。しかし、……の後は、もう書くことができなかったのです。そのゆとりがなかったのか、あるいは言葉につかえてか、どちらにせよ、……の次は、永遠《えいえん》の空白のまま。

犠牲者たちの遺品

その空白を、イタリア人たちは今どのように埋《う》めようとしているのだろう。

個人《こじん》の戦争責任《せきにん》

案内してくれた職員に、いろいろと聞いてみました。職員といっても、館長を代行するようなディレクターです。

ここへの訪問者《ほうもんしゃ》は何人くらいか？　平均《へいきん》すると一日に三〇〇〜四〇〇人で、自国のイタリア人がもっとも多く、次いでイギリス人。ドイツ人も来るが、若い人は事件についてほとんど知らず、偶然《ぐうぜん》に来て驚く例が多いとのこと。徹底したナチ戦犯《せんぱん》追及のドイツでもそうなら、はるかに遠い日本人が知らなかったにしても、仕方ないかもしれません。

「犠牲者の遺族も来ますか」

「ええ、もちろんです」

犠牲者家族の会が組織《そしき》されているのだそうです。その補償《ほしょう》はどうなっているのか？　戦後すぐに政府《せいふ》が住居《じゅうきょ》や職の斡旋《あっせん》をして、年金もついている。ちなみにイタリアは、すべての戦《せん》傷者《しょうしゃ》と戦災《せんさい》遺族に公正な統一年金法を定めている。東京大空襲《だいくうしゅう》の犠牲者遺族や、広島・長崎《ながさき》の被爆《ひばく》者《しゃ》と違って、年金までつくのなら、それは国家補償と考えられます。

なお、霊場を主にした施設の維持《いじ》・管理は国防省《こくぼうしょう》の管轄《かんかつ》で、すべては国から予算が出ているとのこと。では、学校教育の場で、事件はどう伝えられているのだろうか?

「三月二五日は、処刑の終わった日だが、毎年大統領《だいとうりょう》が来て献花するほか、春になると各学校に案内を出しています。したがって、学校単位の訪問もある」

「事件はイタリア現代史の一コマと考えられますが、教科書には載《の》っているんですか」

「ノー。イタリアの教科書はローマ帝国《ていこく》や中世が多くて、近現代史のほうは、なかなか……」

「すると、事件を語《かた》り継《つ》ぐのは、簡単《かんたん》ではないですね」

「遺族の家庭では可能でも、一般的《いっぱんてき》にはそういえます。なにしろ一九四四年のこと。去年おととしのことではないから」

ちなみに彼の年齢は四〇歳。今は働《はたら》き盛《ざか》りでも、その発言は戦後世代を代弁《だいべん》しているのかもしれません。次いで戦争責任についてですが、イタリアでは今、この事件に関係した元親衛隊員の裁判がおこなわれている。

裁判の内容《ないよう》や経過は次回にゆずりますが、そのことに問いを向けてみますと、彼は個人的《こじんてき》な考えだとしたうえで、八〇歳を超《こ》えた老人に終身刑とは人道的でない、ほかにもっと罪深《つみぶか》い者がいたとのこと。

「もちろん、ヒトラーの命令だったわけですが、しかし、実行者が無関係だとはいえませんよね」

と私。

「それをいうなら、ラッセラ事件が先にあった。テロ行為《こうい》がなければ、虐殺もなかったはずです」

「でも、当時のイタリアはドイツに宣戦《せんせん》して、交戦中だったんですよね。テロかどうかはともかく、報復虐殺の罪《つみ》は、個人にも責任があるんではないですか」

「ないとはいわないが、それが戦争だ……」

と、ぽつりとひとことと、いかにもやりきれなさそうな口調でした。

話題が、たまたま当時のことに移りました。戦争の火つけ人には、ヒトラーのほかにムッソリーニがいたわけですが、彼の評価《ひょうか》はどうなのか？　ヒトラーは論外《ろんがい》だが、ムッソリーニは政治家として初期のうちは功績《こうせき》があった、というんですね。しかし、とつけ加えるのを忘《わす》れませんでした。

「ヒトラーと手を組んで、国民が望んでもいないのに、戦争への道を突進《とっしん》していった。それが大きな間違いでした」

そのムッソリーニが、どんな悲劇的《ひげきてき》な運命をたどったか。娘の書いたレポートを、思い出していただければなによりです。

第三話　ローマからカバレーゼへ

監房《かんぼう》の壁《かべ》の遺書《いしょ》

みなさん、こんにちは。

お元気ですね。こうしてお見受けしますと、一、二回と変わらぬ顔ぶれのようですが、堅苦《かたくる》しいお話によくぞ付き合ってくださって、うれしいことです。

前回は、ローマのアルデアティーネの惨劇《さんげき》を主にして、お話ししました。もちろん先にかなり調べてメモを作ったんですが、事件《じけん》の背景《はいけい》や全容《ぜんよう》をうまく伝えられたかどうか、自信がありません。かくいう私《わたし》も、実はなお調査《ちょうさ》中でして、後から入手した資料《しりょう》もあります。

たとえば、その一冊《さつ》が、Ｐ・マルヴェッツィ他編《へん》の『イタリア抵抗《ていこう》運動の遺書』です。原書では手に負えませんが、日本語版《にほんごばん》です。内容《ないよう》は一九四三年九月八日から四五年四月二五日までの期間内に、つまり連合軍との休戦協定発表から、イタリア解放《かいほう》がほぼ達せられた日までに、レジスタンスで処刑《しょけい》された人びとの遺書が収録《しゅうろく》されている。

アルデアティーネで犠牲になった神父
（切り込み写真）と記念館の展示物

そのなかに何編《なんぺん》か、アルデアティーネで銃殺《じゅうさつ》された人の分も含《ふく》まれています。ご参考までに、ほんの一部をご紹介《しょうかい》しながら、ラスト講座《こうざ》に入るとしましょうか。

「きみの肉体はやがて
なくなるにしても、きみの
精神《せいしん》は生きつづけるだろう
なおも残された者の
追憶《ついおく》のなかに——だからこそ
つねに手本たりうる
行動をとれ」（坂斉新治訳《やく》）

監房の壁に、そんなメモを残したのは、サーバト・マルテッリ・カスタルディ、四七歳《さい》、空軍准将《じゅんしょう》です。将軍《しょうぐん》級の方ですが、ローマ市内のパルチザンに大量のダイナマイト、弾薬《だんやく》、起爆剤《きばくざい》、武器《ぶき》を供給《きょうきゅう》したことで逮《たい》捕《ほ》、タッソー街にあった刑務所《けいむしょ》入りとなったのです。こういう実力者がいたおかげで、各地のパルチザンは勇敢《ゆうかん》に闘《たたか》えたのでしょう。彼《かれ》は度重《たびかさ》なる拷問《ごうもん》を受けたあとに、例の洞窟内《どうくつない》で処刑されました。

拷問死、餓死《がし》、あるいは処刑か、いずれにしても死は間近だけれど、「残された者の追憶のなかに」生きつづけることができるとした反ナチ・ファシズムへの悲愴《ひそう》な心情《しんじょう》が感じられますね。といっても、もう自分を納得《なっとく》させられる選択肢《せんたくし》は、それしかなかったんでしょうが……。

映画《えいが》のピエトロ神父とは

処刑された三三五人のなかには、たった一人だけ司祭がいました。ピエトロ・パパガッロ神父です。ピエトロ神父？　あれ、どこかで聞いたことがある——と気になったけれど、その場でとっさに思い出せませんでした。後になって、土井正興《どいまさおき》編『イタリア入門』のページを繰《く》っていましたら、レジスタンスの章に、次のような記述《きじゅつ》があってはっとしました。

「わが国の映画界にも大きな影響《えいきょう》をあたえた『無防備《むぼうび》都市』（一九四六年）は、いまでもくりかえし上映《じょうえい》されているが、それはイタリアの民衆《みんしゅう》にとっての戦争体験（ファシズムとレジスタンス）を見事に結晶化《けっしょうか》した作品のひとつであり、いわば映像《えいぞう》による時代の証言《しょうげん》となっている」

筆者は立命館大学教授《きょうじゅ》の松田博氏です。氏はつづけて、映画の内容と登場人物たちを紹介し、レジスタンスを支援《しえん》して反逆罪《はんぎゃくざい》で処刑されたドン・ピエトロ神父は、実在《じつざい》した人物で、ローマのバンビン・ジェス（幼《おさな》きイエス）教会のピエトロ・パパガッロ神父がそうだ、としています。

「同神父は、当時五五歳、レジスタンスの容疑《ようぎ》で追われている人々をかくまったり、逃亡《とうぼう》の援助《えんじょ》をしていた勇気のある人物であり、かれに助けられたあるコミュニストが『もし神がわれわれの味方なら、われわれはあなたの無事を神に祈《いの》ります』と感謝《かんしゃ》したという」

映画「無防備都市」が、ナチ占領下《せんりょうか》のローマにおけるいくつかのエピソードと、実在した人物たちを再構成《さいこうせい》したことは知っていました。でも、だとするとピエトロ神父は、映画のラストシーンとは違《ちが》って、ほんとはあの不気味な洞窟《どうくつ》で殺されたのだろうか。

同映画の神父は、やはりドイツ軍に銃殺されたドン・ジュゼッペ・モロシーニ神父がモデルだった、という説があります。しかし、ピエトロ神父というなら、松田氏の指摘《してき》のとおりで、名前がぴたり一致《いっち》しますね。それに地下墓地《ぼち》に眠《ねむ》る神父の顔写真は、映画に登場する神父と実によく似《に》ていました。

もしかすると、当時のローマには、パルチザンを陰《かげ》ながら支援して、痛《いた》ましい最期《さいご》を遂《と》げた神父が、複数《ふくすう》でいたんではないのか。

監督《かんとく》ロッセリーニの脳裏《のうり》には、アルデアティーネ事件がまだなまなましく刻《きざ》まれていただろうから、ピエトロ神父の実像《じつぞう》には、何人かのモデルが重なり合っていたのかもしれません。

「立派《りっぱ》に死ぬのはそうむずかしくはない。正しく生きるほうがむずかしいのだ」

はるかにバチカン宮殿《きゅうでん》を望む丘《おか》の上で、一発の銃声《じゅうせい》とともに息絶《いきた》えたピエトロ神父のひとことが、またしても鮮《あざ》やかに甦《よみがえ》ってくるかのよう。

それは、圧制《あっせい》下のローマにいたロッセリーニが、レジスタンスを描《えが》こうとした時、ラストの決め手としたかった一語ではないのかと思います。

エミーリオ君の遺書

ローマは、一九四四年六月四日にアメリカ軍が入城《にゅうじょう》、解放の日を迎《むか》えましたが、たった一日ちがいで、その前日に銃殺された青年がいます。

大弾圧《だいだんあつ》と大虐殺《だいぎゃくさつ》にもかかわらず、反ナチの抵抗運動は、決してひるむことはなかった。というより、重圧《じゅうあつ》が加速するのに比例《ひれい》して、ますます激《はげ》しく燃《も》え広《ひろ》がっていったんですね。

エミーリオ・スカリアは二〇歳。パルチザンとの連絡係《れんらくがかり》で、ローマのエゼードラ広場で逮捕され、六月三日午前一〇時、他の四人とともに銃殺されました。市内での公開処刑です。彼がローマ拘置所《こうちしょ》で書いた一文が、前掲《ぜんけい》書に収録されています。

「懐《なつか》しい愛するお母さん。

目のまえにまだわずかな命が残っているうちに、手紙を書いておきます。お母さん、たいへん悲しい思いをさせることを許《ゆる》してください。けれども果すべき義務《ぎむ》がぼくを待っているのです。いつかあの世で会えるのを楽しみに死んでいきます。お母さんが慰《なぐさ》めを得られるよう聖心《せいしん》に祈ります。

ぼくは、懐しいお父さんの待っているところへ行きます。

これが最後の手紙になりますが、力を落さないでください。そして不幸なめぐり合わせをもった息《むす》子《こ》を許してください。兄弟たちが復讐《ふくしゅう》を遂げてくれるでしょう。ぼくも彼らにそれを望んでいます。不正にぼくは死ぬのですから。（中略《ちゅうりゃく》）

手は震《ふる》え、もう何を書いているのかもわかりません。改めて許しを乞《こ》います。死ぬまえにぼくには心残りなことがふたつあります。ひとつはお母さんを悲しませたことですが、あなたはぼくを許してくださるでしょうから、安らかに死んでゆきます。もうひとつはぼくをとても愛してくれた、ある娘《むすめ》の期待に背《そむ》いたことです。

いつの日か彼女《かのじょ》に会ったら、ぼくのことを話してやってください。時が近づいているので、もう終わりにします。

ごめんなさい。許してください。お母さん。あなたのエミーリオは最後にもう一度口づけをして、あなたを抱《だ》きしめます。愛する兄弟たち、オットリーノとカルロに口づけを。

永遠《えいえん》にさようなら、懐しいお母さん、

あなたのエミーリオ

さようなら！」

（南沢倫子訳）

処刑を前に書くことを許されたのか、これは珍《めずら》しくも、母あてに心情をこめた一文になっています。先に紹介した方とちがって、まだ二〇歳、青春のまっさかりなのに、とくに愛していた娘への思いは、いじらしくもせつせつたるものがありますね。

もう一日、せめてもう一日だけ処刑が遅《おく》れれば、ドイツ軍は雪崩《なだ》れのように敗走し、晴れて自由なローマに生きることができたのに、きっと愛する娘と結ばれただろうに……。

そんなことを考えると、溜息《ためいき》ばかりで、言葉もありません。

カプラーの大脱走《だいだっそう》

では次に、アルデアティーネ大虐殺《ぎゃくさつ》の加害者たちに、目を移《うつ》していくことにしたい。かれらは戦後に、いったいどのような裁《さば》きを受けたのか。そして、それはかれら自身の戦争犯罪《はんざい》をあがなうに妥当《だとう》なものだったのか。またイタリア国民の、納得できるものだったのかどうか。

事件に関与《かんよ》したドイツ軍首脳《ぐんしゅのう》たちは、いずれも戦後のイタリア軍事法廷《ほうてい》で裁判《さいばん》を受け、有罪《ゆうざい》となりましたが、とくに注目されたのは直接《ちょくせつ》の指揮官《しきかん》だったヘルベルト・カプラー。元親衛隊中佐《しんえいたいちゅうさ》、ゲシュタポ・ローマ地区司令官です。一九四八年七月から開かれたローマの軍事法廷で裁かれた彼は、五三年暮《くれ》に終身刑《しゅうしんけい》となりました。

同じ終身刑の主要人物には、やはり親衛隊少佐だったワルター・レーデルがいる。ほら、一回めにお話したマルザボット村で老人、子どもなど一八〇〇人余《よ》を虐殺した指揮官です。アルデアティーネのあとも、そんな血なまぐさい事件は、各地に無数にあったということなんですね。

しかし、日本と違ってイタリアには死刑制度《しけいせいど》はなく、最極刑でも終身刑なのです。

判決《はんけつ》のあとのカプラーは、レーデルと共に二〇年余にわたり服役《ふくえき》していましたが、七六年に胃ガンを発病、温情《おんじょう》によってローマの陸軍病院へ移されました。すでに七〇歳になっていました。

翌年《よくねん》八月になって、イタリア中が騒然《そうぜん》となる事件が起きた。カプラーの脱走《だつそう》です。しかし、彼の病室は庭に面した一階ではなく、四階の角です。重病の患者《かんじゃ》が、人目に触《ふ》れることなく、どのようにして脱走できたのか。

これには諸説《しょせつ》があります。三冊の資料を照合してみましたが、二冊までは、面会にきたドイツ人の妻《つま》が、トランク内に夫を入れて運び出したというもの。しかし、どうも現実性《げんじつせい》が薄《うす》いですね。今みたいに車つきのトランクは望むべくもなく、妻も決して若《わか》くはなかったし、しかも病人とはいえ大の男が入れるほどのトランクは、並《な》みのものではなかったはず。

もう一通りは、登山経験《けいけん》を積んでいた妻が、夫をザイルで縛《しば》って、病室の窓《まど》から地上まで吊《つ》り降《お》ろしたという説です。これは可能《かのう》だったかもしれません。

どちらにせよ、気づいた時はすでに手遅《ておく》れで、カプラーを乗せた乗用車は、全速力で北へ北へと。ついに西ドイツ領《りょう》の妻の実家へと、脱出《だつしゅつ》することに成功したのです。

イタリア政府《せいふ》は、すぐ西ドイツ政府に身柄《みがら》の引《ひ》き渡《わた》しを要求したが、答はナイン（ノー）。その理由は、西ドイツ憲法《けんぽう》にもあたる基本法《きほんほう》第一六条《じょう》の「すべての国民は国外に連れ出されることはない」を盾《たて》にしたのです。

当然というべきか、イタリア国民の怒《いか》りと反発は政府首脳《しゅのう》を突《つ》き上《あ》げて、事件は両国の外交関係を揺《ゆ》さぶるほどの大問題となりました。当時はまだ東西冷戦中で、西ドイツのナチ残党追及《ざんとうついきゅう》は東ドイツのそれにはおよびもつかず、「ザル法」とまで称《しょう》されていたんですね。しかし、ことはあっけない幕切《まくぎ》れとなりました。

脱走後半年たらずで、当のカプラーが病死したのです。終身犯《はん》が獄中《ごくちゅう》や陸軍病院でなく、自宅《じたく》で余生《よせい》を終えたところに、注目する必要があります。

しかし、この事件が、戦争犯罪をめぐって、西ドイツにおける道義的《どうぎてき》な信用を、大きく失墜《しっつい》させたのは確《たし》かでした。

元親衛隊大尉《たいい》プリブケの裁判

でも、少し補足《ほそく》が必要かもしれません。カプラー死後ほどなくして、その西ドイツもまた、ナチ犯罪に「時効《じこう》なし」としました。すなわち七九年七月の国会決議です。国際批判《こくさいひはん》をかわしきれなかったこともあるけれど、ドイツ人の良識《りょうしき》を世界に明示《めいじ》し、自分たちの生み出した罪《つみ》と罰《ばつ》との、妥協《だきょう》なき闘いに踏《ふ》み切《き》った、といえます。

それからというもの、「草の根を分けても」の表現《ひょうげん》が当てはまるほどに、ドイツにおけるナチ残党と協力者への追及・糾弾《きゅうだん》は、みなさん、ご存知《ぞんじ》のとおり。すでに七〇〇〇件以上が起訴《きそ》され、捜査《そうさ》追及は今も続いている。私たち日本人からみると、凄絶《せいぜつ》というか、想像《そうぞう》を超《こ》えるものがあります。

それでは、イタリアの場合は、どうだったのか。カプラーが死んで、アルデアティーネ事件の裁きは決着したのか。答えはいいえです。なんと戦後五三年、ことし（一九九八年）まで続いた裁判の経《けい》緯《い》を、次にみていくことにしたい。

一九九六年五月のこと。半世紀以上も前の戦争犯罪「大量虐殺の共謀《きょうぼう》の罪」で起訴された一人の男の初公判《はつこうはん》が、ローマの軍事法廷で開かれました。

その男とは、かつてカプラーの部下で、例の洞窟の大虐殺に関与した、元親衛隊大尉のエーリッヒ・プリブケ。彼は処刑者《しょけいしゃ》リストによる人数の確認《かくにん》のみならず、銃殺処刑にも直接手を下したのです。プリブケは、事件後にいったんは連合軍に拘束《こうそく》されていたものの、やがてアルゼンチンに逃亡。ナチ戦犯《せんぱん》を追及するハンターによって発見され、九四年に逮捕、翌年にイタリアへの引き渡しが実現《じつげん》したもの。

この裁判は、マスコミの報道《ほうどう》合戦もあって、さまざまな論議《ろんぎ》を呼《よ》びおこしました。

まずその一つは、被告《ひこく》が高齢《こうれい》でありすぎるということ。二つめは、はるかな遠い過去《かこ》となった、まだ若き日の罪を問うことはいかがなものか。古い傷口《きずぐち》をあばいて悪夢《あくむ》を再現《さいげん》するのと似て、どれだけの意味があるのか。三つめは、すでに時効が成立しているのではないか、といった意見です。イタリアの場合、最高二〇年で時効となるのです。この規定《きてい》に従《したが》えば、プリブケは該当《がいとう》期間を終えているはず。したがって、犯罪はとっくに消滅《しょうめつ》しているのではないのか。

はたして、初公判での同被告は、言下《げんか》に無罪《むざい》を主張《しゅちょう》しました。

事件の関与は認《みと》めるが、それは①ラッセラ事件で、親衛隊の仲間ら三三人が殺害されたことの報復《ほうふく》行為《こうい》であり、②その行為もまたヒトラーの命令だった以上、逆《さか》らえる余地《よち》はなかった、と。

これに対し、検察側《けんさつがわ》の有罪立証《りっしょう》ポイントは、①命令に従ったという以前に、ナチ親衛隊はそもそも志願《しがん》入隊制《せい》で虐殺の関与は主体的であり、②しかも処刑者の選定から処刑まで、上官として積極的に参加したではないか。

八二歳の被告をめぐって、報復か犯罪か、温情か厳罰《げんばつ》か、裁判の成りゆきが注目されることになったのです。

ついに終身刑の判決

そこで、ふと思い出したことがある。

アルデアティーネの現場《げんば》を案内された時に、職員《しょくいん》がラッセラ事件がなかったら大虐殺もなかった、と口にしましたね。おや、そういう見方もあるのかと、私はちょっと奇異《きい》な感じがしたものです。

もちろん平和時からみれば、パルチザンによるラッセラ襲撃《しゅうげき》はテロ行為であり、「やり過《す》ぎ」とみる人が多いかと思います。確かに、やり過ぎ行き過ぎは、少なからずありました。たとえば、パルチザンがムッソリーニのみならず、その愛人まで銃殺し、ミラノで逆さ吊《づ》りにしたことなども、批判されるべきでしょう。しかし、当時の状況《じょうきょう》を抜《ぬ》きにして論《ろん》じるのは、どんなものか。

イタリアでも、今ネオナチが台頭しつつあるそうですが、ラッセラ襲撃につづくアルデアティーネの大虐殺を、同じ残虐《ざんぎゃく》事件として対等にみるのはアンバランスです。それは、どっちもどっちで、もっぱらナチ・ファシズムの戦争犯罪を軽減《けいげん》することになりますよね。

また、「命令だったから」の主張は、命令さえなければ罪を犯《おか》さずにすんだと言いたげで、これは被害者《ひがいしゃ》へのすり替《か》えになりかねません。したがって、加害者の一方的な論理《ろんり》ではないのか。なぜなら、殺される者にとっては、その相手だけが唯一《ゆいいつ》の対象であって、命令の有無《うむ》は関係ないからです。

「そうか、あんたも命令で仕方なくオレを殺すのか。じゃそうしてくれよ」

と、いうわけにはいかないですよね。

軍人といえども、人間です。ナチ親衛隊といえども、人間の集団《しゅうだん》です。不当不法な命令に従うかどうかの最終的な判断基準《はんだんきじゅん》はあってしかるべきです。それは、ひとことにいって、人間的良心というものではないですか。

プリブケをめぐる裁きは、思ったとおり迷走《めいそう》し、紆余曲折《うよきょくせつ》をたどることになりました。九六年八月、有罪ではあるが時効成立で釈放《しゃくほう》判決となったものの、激高《げきこう》したユダヤ人団体《だんたい》らが法廷を取《と》り巻《ま》く大混乱《だいこんらん》。同被告は身柄を拘束されたまま翌九七年七月、時効の適用《てきよう》を退《しりぞ》けてやり直しの判決、一〇月には最高裁《さいこうさい》が差《さ》し戻《もど》しを決定。九八年三月七日、ついに終身刑となりました。半年ほど前のことですから、最新のニュースです。

この判決は、イタリア国民に、どのように報《ほう》じられたのか。ぜひ現地《げんち》の新聞をみたいものと思っていましたが、三月八日付けの日刊紙《にっかんし》『ウニタ』を入手することができました。訳してくれたのは、ローマ在住《ざいじゅう》の評論家《ひょうろんか》亀田利光《かめだとしみつ》氏です。

「殺戮《さつりく》者に終身刑！」

の大見出しに続いて、「軍控訴院《こうそ》、原判決《げんはんけつ》を破棄《はき》、大虐殺の犠牲者《ぎせいしゃ》家族に興奮《こうふん》が」「アルデアティーネのプリブケとハスに有罪判決」と出ています。一面の大半を占《し》めるような大記事です。

なお、ここにプリブケと並《なら》んで登場するハスとは、元親衛隊幹部《かんぶ》カール・ハスのことで、やはり同じ事件の殺人容疑で起訴されたもの。プリブケ八四歳より一歳上で、共に足元もおぼつかないような体調です。

「忘却《ぼうきゃく》することはない」

前の記事によれば、判決は八時間以上にもおよぶ審議《しんぎ》を経《へ》て、三月七日夜七時に言《い》い渡《わた》されました。「情状酌量《じょうじょうしゃくりょう》は認められない」として、検察側の求刑《きゅうけい》どおりの終身刑です。第一審の「有罪ではあるが時効で釈放」は、変更《へんこう》どころか、大逆転《だいぎゃくてん》したというわけです。

「判決の朗読《ろうどく》が終わったあと、犠牲《ぎせい》者の親族は涙《なみだ》していた。虐殺された偉大《いだい》なテノール歌手の娘ロセッタ・スターメや家族全員を失ったジューリア・スピッツイキーノも興奮していた。犠牲者の家族の会会長ジョヴァンニ・ジリオッツイも同様であった。彼らにとっては、悪夢が終わったようなものだ。何人かの親族は、『今度は、彼らを釈放することもできる。なぜなら、重要なのは審判《しんぱん》が下されたことだからである』と言った」

そのコメントには、高齢の被告らへの温情もみられますね。ただ、遺族《いぞく》たちが長いこと望んでいたのは、戦争犯罪人《はんざいにん》たちの断罪《だんざい》であり、白黒のけじめだけはきちんとつける、それがすまぬうちは、悪

発見直後の洞窟内の惨状

夢と痛恨《つうこん》の終わりはないということだったのです。

これに対し、公判中のプリブケは従来《じゅうらい》からの主張を変えず、自分はベルリンからの命令に逆らう力はなかったとして、「個人《こじん》的《てき》な悲劇《ひげき》」を力説し、さらに続けて、この世にはまだ誰《だれ》も訴追《そつい》したことのない戦争犯罪が存在《そんざい》する、と。広島・長崎《ながさき》への原爆《げんばく》投下と、連合軍によるドレスデン爆撃《ばくげき》がそうだ、と指摘しました。

突然《とつぜん》に、広島・長崎が引き合いにされたのには驚《おどろ》きましたが、同紙の記事は、次のように切り返しています。

「プリブケは、少なくとも残虐な人殺しに反感をもち、銃殺を拒《きょ》否《ひ》したが処刑されなかった二人の〝同士〟がいたことを忘《わす》れている。そして、どのような資格《しかく》で、日本に原爆を落とし、ドレスデンを爆撃した犯罪の裁きを語ることができるのか」

これで知ったことですが、あの虐殺事件にかかわった親衛隊員のなかには、銃殺処刑を拒《こば》んだか尻込《しりご》みしたのか、とにかく同調しなかった者もいたんですね。たとえ命令とはいえ、ぎりぎりのところで人間的な良心を守り抜いた者も、決して皆無《かいむ》ではなかったということ。彼らはその後どのような罰を受けたかわからないけれど、それは、おそらく命がけの決断《けつだん》と対応《たいおう》だったんではないのか。

などということを重ね合わせれば、プリブケの「ほんとうの犠牲者は私だ」という主張は、やはり詭弁《きべん》としか言いようがない。だからこそ、その言い分は認められなかったのです。

「審判は下された。イタリアのためにも満足している。これは、アルデアティーネで虐殺された人々への義務であった。しかし、今日、その義務は果たされた。（中略）判決がこれらの死者に対しても、正義《せいぎ》を与《あた》えるものであることを信じる。もう一つ重要なことは、イタリアは忘却することがないということが実証《じつしょう》されたことである」

犠牲者家族の会会長ジョヴァンニ・ジリオッツイ氏のコメントです。

戦後五三年にもなるというのに、なお「忘却することはない」の一語は、実に重いですね。その民族性《みんぞくせい》をいちいち日本と比《くら》べるつもりはないけれど、戦争責任《せきにん》の追及ならびに戦後処理《しょり》をめぐる違いように、思わず唸《うな》ってしまうのは、私だけでしょうか。

以上は、アルデアティーネ事件の後日談ともいうべき、現在《げんざい》まで続く〝黒い霧《きり》〟でした。

ローマのユダヤ人地区で

さて、ローマでの残り時間も、少なくなってきました。

フリータイムに散策《さんさく》してみて気づいたことですが、ローマの町は、意外と狭《せま》いんですね。中心部で大きなコンパスをぐるりと回せば、直径五キロほどの円内にすっぽりと入る。そこには、歴代の権力者《けんりょくしゃ》たちが莫大《ばくだい》な富《とみ》と労働力を注ぎこんで造《つく》り上《あ》げた遺跡《いせき》が、あすこにもここにもあるというわけでして、一つひとつ見ていたら、「ローマの休日」が何日あっても足りません。

また、何日かかけても見たい、という誘惑《ゆうわく》にかられます。古代史に関心があろうとなかろうと、ローマを訪《おとず》れた人はアン王女のように、自由にあちらこちらを歩いてみたいという気になるんではないでしょうか。

しかし、私の目的は古代史じゃなくて、現代史《げんだいし》のパルチザン闘争《とうそう》です。ローマ市内で、第二次世界大戦下の抵抗史跡《しせき》といえば、そんなに簡単《かんたん》に見つかるものではない。アルデアティーネの洞窟を除《のぞ》いては、です。

実をいうと、もう一つあります。ダンテ広場に近いタッソー街の、ローマ解放歴史博物館。ナチ・ゲシュタポのローマ本部のあった建物です。先に遺書を紹介したレジスタンスの勇士たちの独房《どくぼう》が残されていて、血まみれのシャツや、拷問器具、犠牲となった人たちの写真、遺品《いひん》類が展示《てんじ》されているとのことですが、あいにくとバカンス中でした。

古びた建物の正面壁には、石盤《せきばん》に文字が刻まれています。「ここで、ナチスの残虐な行為がおこなわれた。祖国《そこく》の自由のために、犠牲となった英雄《えいゆう》たちに捧《ささ》げる」と。

特別にたのみこんで、なんとか見せてもらおうと、数日前から何度も電話を入れていたんですが、応答《おうとう》なし。夏季以外でも毎日は開いていないとか。そんなに見たければ、また来るがよいということでしょうね。

といっても、次の機会はいつやってくるのか、「うーん、残念！」とついつい一声を洩《も》らしましたら、ローマ在住のグラムシ研究家上野幸子さんが、ユダヤ人地区に行ってみたらどうか、とアドバイスしてくれました。

あ、それはいいな、とすぐ同意しました。

思えば、アルデアティーネの犠牲者のうち、七〇人がユダヤ人でしたし、最年少一四歳の少年も、ダビデの星マークの棺《ひつぎ》に眠っていました。ドイツ軍占領下に、ローマ在住のユダヤ人たちは、いったいどんな運命をたどったのだろう。バチカン（ローマ法王庁《ほうおうちょう》）の当時の法王はピオ一二世ですが、ナチスとどんな関係にあったのだろう。

第二次大戦中に、ヨーロッパを震撼《しんかん》とさせたナチのホロコーストについては、すでにみなさんもある程度《ていど》までご存知かと思います。私も何冊《なんさつ》か書いていますので、ここでは省きますが、同じファシズムの元凶《げんきょう》でも、ムッソリーニによるホロコーストというのは、聞いたことがない。

それはどうだったのか、現地で調べてみるのも、意義《いぎ》あることではないでしょうか。

ゲットーの空中橋

さっそく上野さんの案内で、タクシーを飛ばしました。スペイン広場に近いホテルから、コルソ通りを一路南へ、と。

ローマの市街地は、北から南へと大きくSの字に流れるテヴェレ川をはさんで、二分されています。

東京の隅田川《すみだがわ》ではないけれど、川をへだてて山の手と下町とに分かれるように、テヴェレ川の先は、ローマの下町トラステヴェレ地区です。いうなれば、テヴェレの〝川向こう〟でしょうか。

テヴェレ川には、一カ所だけ中州《なかす》のようなティベリーナ島があって、両岸から二つの橋で結ばれている。

その橋の手前の目標、シナゴーグの前に、小柄《こがら》な一人の女性《じょせい》が、私たちを待っていてくれました。あ、シナゴーグって、ユダヤ教会堂のことですね。

女性の名前は、プーパー・ガリャバさん。お母さんがユダヤ人だそうでして、一九三五年生まれのジェノバ（北イタリアの都市）育ちだそうです。私よりも少し年下ですが、黒のバッグをひょいと肩《かた》から下げて、血色もよく身のこなしも軽く、いかにも行動的な女性です。

ドイツ占領下には、父母、弟さんとアルプス越《ご》えでスイスに逃《のが》れて助かったけれど、親族一三人が死んだとのこと。親族のうち生還《せいかん》できたのは、一人だけだった、と日陰《ひかげ》に立ったままで語り出しました。

プーパーさんのお話によれば、古代ユダヤ人たちはトラステヴェレ地区を、特別居住地《きょじゅうち》のゲットーと決められていたけれど、一六世紀頃《ごろ》から橋を渡《わた》って、現在シナゴーグのあるマルチェロ地区へと移《うつ》り住《す》むことが強制《きょうせい》されたという。

こちらもまた、ゲットーです。周囲に高塀が張《は》り巡《めぐ》らされ、通用口は三カ所しかなく、出る時には証明書《しょうめいしょ》が必要だった、と。しかも超過密《ちょうかみつ》地帯で、日当たりは悪く道は狭く、びっしりと隙《すき》なく入り

シナゴーグの前で体験を語る
プーパー・ガリャバさん

組んだ建物には、たいてい屋上から屋上へと橋がかかっていた。

「え？　橋？　空中にですか」

なんのために、と問い直しましたら、それはテヴェレ川氾濫《はんらん》の避難《ひなん》用だと、プーパーさんは声高《こわだか》に笑いました。さらにつけ足して、

「でも、その橋は、洪水《こうずい》以外にも役に立ちました。戦争中にです。おわかりですか」

「さぁて……」

「ナチの追及から、逃れるために」

「あ、なるほど」

私はうなずいて、そういえば「無防備都市」にも、冒頭《ぼうとう》にそんな場面があったのを思い出しました。

ローマは、たいてい石造《いしづく》りの五、六階建て集合住宅《じゅうたく》です。一階の扉《とびら》をやみくもにたたく者がいれば、窓越《まどご》しに覗《のぞ》いて、何者かがすぐにわかります。危険《きけん》を感じた者はすぐ屋上橋を活用して、逃走《とうそう》できたのでしょう。

とすると、都市部のパルチザンにとってのマルチェロ地区は、おそらく絶好《ぜっこう》のアジトだったにちがいないのです。

バチカンの公式声明

一九四一年末のイタリアにおけるユダヤ人人口は、約四万三〇〇〇人。すでに七〇〇〇人ほどが、それまでに他国への移住《いじゅう》を余儀《よぎ》なくされていました。

というのは、三九年に反ユダヤ法令が実施《じっし》されて、ユダヤ人迫害《はくがい》が開始されたからです。人種差別立法です。もちろんヒトラーとナチの指示《しじ》によるもので、同盟国《どうめいこく》のムッソリーニは、知らぬ顔では通らなかったんですね。しかし、ラテン民族特有のおおらかさからか、それほど厳密《げんみつ》に施行《しこう》されなかった。

では、首都ローマのユダヤ人は、どのくらいいたのだろう。テヴェレ川のゼロメートル地帯を中心に、およそ一万人。四三年七月、ムッソリーニ政権《せいけん》が解体《かいたい》し、ドイツの占領下に入ると、ローマの状況もまた一変します。

ユダヤ人社会への最初の攻撃《こうげき》は、同年九月のこと。ローマ地区ゲシュタポ司令官カプラーは、五〇キロの純金《じゅんきん》を出せと要求し、出さなければ二〇〇人を人質《ひとじち》にすると、威圧的《いあつてき》に出ました。金五〇キロですよ。裕福《ゆうふく》なユダヤ人たちはすでに身をひそめたあとで、この要求にこたえるのは並み大抵《たいてい》のことではない。

しかし、なんとか要求分を調達して、シナゴーグで手渡《てわた》し、身の安全がやっと確保《かくほ》されたと思いのほか、必要なものを獲得《かくとく》したカプラーは、第二の攻撃に出たのです。次はシナゴーグを襲撃し、ユダヤ人の登録簿《とうろくぼ》を押収《おうしゅう》、そのリストを元にしての、強制収容所《しゅうようじょ》への移送《いそう》です。

一〇月のなかばに、一三〇〇人近くが突然に逮捕。うち約一〇〇〇人が北イタリアの収容所経由《けいゆ》で、ヨーロッパの一大殺人センターのアウシュビッツへ。翌一一月になると、ファシスト内務省《ないむしょう》は、ユダヤ人全員を強制収容所に送り、彼らの資産《しさん》を空襲《くうしゅう》で罹災《りさい》したイタリア人のために押収せよ、との指令を出しました。そしてローマでは、またまた八〇〇人が検挙《けんきょ》、抑留《よくりゅう》されました。

この間に、バチカンはどうしていたのだろう、ローマ法王庁は？

バチカンもまた、逃れてきた多くのユダヤ人をかくまったのは事実ですが、しかし、かれらの必死の哀願《あいがん》にもかかわらず、法王はついに沈黙《ちんもく》のまま。ヒトラーの圧力《あつりょく》に屈《くっ》したといわれても、仕方ないでしょう。沈黙は容認《ようにん》・共犯《きょうはん》なんですから。それが戦後にまでしこりを残し、長く尾《お》を引くこととなります。

この点に関して、今年（一九九八年）三月一六日に、バチカン声明が発表されました。キリスト教の総本山《そうほんざん》ともいうべきバチカンが、当時のホロコーストに十分な抵抗をしなかったことを重くみて、「われわれはこうした過《あやま》ちを深く遺憾《いかん》に思う」というのです。

今頃《いまごろ》といってはなんですが、バチカンはユダヤ人に対し、「過ち」を公式に認めたわけです。しかし「遺憾」ではまだまだ足りない。それは残念に思う程度ではないか、もっと明確《めいかく》な謝罪《しゃざい》を――のきびしい声もあるとか。バチカンの公式声明はなるほどおよび腰《ごし》で、いささか遅《おそ》すぎたきらいもないではないけれど、ここにも「忘却することがない」人びとの執念《しゅうねん》を見る気がしませんか。

第二次世界大戦下に、イタリアから国外に移送されたユダヤ人は七五〇〇人、そのうち生きて帰れた者は約八〇〇人という。

A―5506の人

プーパーさんの紹介で、アウシュビッツから、奇蹟的《きせきてき》に生還した人に会うことができました。場所は現地の、元孤児院《こじ》だった集会所です。

「ナチ占領下の体験ですか？　そうですね。当時を思い出すのに、ためらう理由がいくつかあります。その一つは過去が甦《よみがえ》ることで、記憶《きおく》のなかの苦しみと悲しみとが、新たに呼びさまされる。したがって、どうしても平静ではいられません。もう一つは、強制収容所が想像を絶《ぜつ》するものだったということ。そこには暴力《ぼうりょく》と死が支配《しはい》していたわけですが、ナチの国家的な犯罪は、とても言葉でいいつくせるものではないのです」

落ち着いた口調で語りはじめたのは、ピエロ・テラチーナ氏、七〇歳。学者タイプですが、いかにもイタリア人らしい陽性《ようせい》な顔立ちで、堂々たる体躯《たいく》です。

グレーのポロシャツから、毛深くて太い腕《うで》がにゅっと出ていましたが、左腕に一目でそれとわかる青色の刻印《こくいん》が、A-5506と。Aとは、ほかならぬアウシュビッツの頭文字《かしらもじ》です。ナチ絶滅《ぜつめつ》収容所で、名前も住所も奪《うば》われた囚人《しゅうじん》が番号で呼ばれたのは知っていましたが、その入《い》れ墨《ずみ》のある方を前にしたのは初めてです。

アウシュビッツに収容されたテラチーナ氏。
左腕にはＡ－5506の入墨

テラチーナ氏は、四三年一〇月一六日、ローマで一斉《いっせい》ユダヤ人狩《が》りがおこなわれた時に、一五歳。家族と一緒《いっしょ》に工場の倉庫に隠《かく》れて、難《なん》を逃れました。しかし、それも一時的な気安めでしかなかったのです。

翌年四月、ユダヤ教の復活祭《ふっかつさい》の日に、荒々《あらあら》しく踏《ふ》み込んできたゲシュタポによって、家族一同捕《とら》われの身となる。八四歳の祖父《そふ》も例外は許されず、身内八人は市内の刑務所経由で、イタリア北部の収容所へ。

すでに連合軍が南部に上陸し北上していたから、かれらが早く来てくれることを心待ちにしていたが間にあわず、ついに鉄道貨車で、アウシュビッツへと移送されます。六日間を要して到着《とうちゃく》したホームで、母とは生き別れになる。

母はそのままガス室へ送られ、一家は離散《りさん》。氏は強制労働に従事《じゅうじ》するも、「その一日の苦しみを語るには、一日かかる思い」といいます。

人間の肉体はおろか、魂《たましい》まで破壊《はかい》しつくそうとした殺人工場アウシュビッツは、語るもおぞましい生《い》き地獄《じごく》のブラックホールなのでした。

戦争犯罪に時効なし

一九四五年一月末、アウシュビッツは、ソ連軍によって解放の日を迎えます。しかし、家族は自分だけを残して、みんな神隠《かみかく》しにあったように消えてしまっていた。父も母も姉も、二人の兄も、そして叔父《おじ》も叔母《おば》も……。

氏自身、自由の日を迎えたといっても、身も心もまるで他人のようで、すぐに社会復帰《ふっき》はできなかった、といいます。病院を転々としたあと、イタリアに戻《もど》ってきたけれど、かなり長期にわたって、その体験を話すことはしなかった。話しても信じてもらえなかったし、

「あり得ないことだと、首を振《ふ》る人さえいましたからね」

と、虚《むな》しげにつけ足しました。

テラチーナ氏の社会復帰は、どのようにできたのか。この人の半生をじっくりとうかがいたいものの、でも、時間がありません。ぜひ聞いてみたいことがあります。それはアルデアティーネ虐殺の責任を問われたプリブケのこと。この三月に終身刑になったのを、どう考えますか?

氏は、「おや、よく調べましたね」と表情《ひょうじょう》をゆるめましたが、もの静かな口調を変えることなく答えました。

「先に断《こと》わっておきたいのは、私たちが、復讐や報復を願っているのではないということ。判決で、戦争犯罪に時効なしと確認されたのが大事だと思う。これは基本的《きほんてき》な原則《げんそく》ですからね。八〇歳以上の

被告のこれから（釈放かどうか）には、関心がありません」

「では、次に日本の場合です。かつての侵略《しんりゃく》戦争を推進《すいしん》し、戦犯とされた人びとが戦後政治《せいじ》の中枢《ちゅうすう》に残ってしまった。Ａ級戦犯が首相《しゅしょう》に返り咲《かえざ》いた例もありますが……」

「それは、どうかしています。当然ですが、間違《まちが》っている。きちんと審判を与えるべきではないですか」

「だれが、どのように……」

「その問いには、イタリアのユダヤ人のうち、約二〇〇〇人がパルチザンの闘士《とうし》として、反ナチ・ファシズムのレジスタンスに加わったことを、申し上げておきましょう」

私は、ほっと息をつく思いでした。熱い息でした。ひょっとして日本人は意図的《いとてき》な健忘症《けんぼうしょう》ではないのか。戦争もはるかに遠い日となりましたが、忘却とは何か。忘《わす》れ去《さ》ることなり、です。でも、知らないことは忘れようもありません。まず事実をきちんと知ったうえで、自国の歴史にどういう態度《たいど》をとっていくかを、決めるべきではないのか。

過去の事実に、限《かぎ》りなくこだわって生きる人たちの存在を、深く心にとどめたいもの。プーパーさん、テラチーナ氏にお会いできて、ほんとによかったと思いました。

米軍機低空飛行の大惨事《だいさんじ》

今度の旅のラストは、ローマから反転して、イタリア最北部の町カバレーゼです。

といいましても、ほとんどの方はご存知ないでしょうね。オーストリアとの国境《こつきよう》に近い山岳《さんがく》地帯の、小さな町です。人口は三六〇〇人ほど。スキーのリゾート地ですが、もちろんガイドブックで探《さが》すことはできません。

私もまた去年までは、いや、この二月までは、カバレーゼ町を知ることはなかったし、もちろん気にもしなかったのです。できることなら、ずっと関心外であってほしかったと思いますね。それはイタリアの平和が今、どれほど脅《おびや》かされているかを象徴《しようちよう》する事件だからです。平和的生存権《せいぞんけん》をめぐる現在の問題なのです。

ニュースに報じられた事件の概要《がいよう》は、次のとおり。

今年（一九九八年）二月三日のこと。ドロミティ山塊《さんかい》南部のチェルミス山スキー場で、低空飛行中の米軍機がロープウェイのケーブルに接触《せつしよく》、切断《せつだん》。運行中のゴンドラが山腹《さんぷく》に墜落《ついらく》して大破《たいは》したもの。乗っていた観光客ら二〇人全員が死亡《しぼう》したのです。

米軍機は、イタリア北東部アビアノ基地《きち》の海兵隊所属《しよぞく》EA6Bプラウラー電子戦偵察《ていさつ》機で、ほとんど損傷《そんしよう》もなく、乗員四人は、〝無事〟に帰還《きかん》しました。アビアノ基地は、北大西洋条約機構《じようやくきこう》（NATO）のなかでも南欧《なんおう》最大の米第一六空軍が駐留《ちゆうりゆう》し、配備《はいび》されたF16戦闘機《せんとうき》七二機、兵員は四五〇〇人、核兵器《かくへいき》があるのも公然の秘密《ひみつ》とされています。

事故《じこ》のあと、イタリア、アメリカそれぞれの調査団《ちようさだん》が結成されましたが、事故機《じこき》は規定のコースを七キロも逸脱《いつだつ》し、渓谷《けいこく》を超低空超速度《ちようていくうちようそくど》で飛んだことがわかりました。許容《きよよう》最低高度六一〇メートルの基準は、まったく守られていなかった。

米軍機は、これまでも何回か、ロープウェイの下をくぐっていました。ゴンドラは地上一二〇メートルの高さに吊《つる》されていましたが、この日は乗客の重量で、さらに下がっていたと思われるのです。

では、米軍機は、なぜそんな無謀《むぼう》無法な飛行をおこなったのか。「戦争ゲーム」の説もあったけれど、問題のEA6B機は敵《てき》のレーダーやミサイル攻撃を低空でかわし、敵陣地《てきじんち》の奥深《おくぶか》く侵入《しんにゅう》して奇《き》襲《しゅう》攻撃をかけるのが任務《にんむ》です。曲芸もどきの超低空飛行訓練だったというわけで、大惨事《さんじ》は起こるべくして起きた、ともいえます。

そして、乗員らの裁判ですが、駐留国の民間人を巻き込《まこ》んだ事件は、駐留国で裁かれるはず。にもかかわらず、米兵たちはNATO地位協定を理由に、本国での裁判を望んで、イタリア当局の捜査を拒否しました。

まだ判決は出ていませんが、上官の責任追及まではいかず、有罪はせいぜい操縦士《そうじゅうし》とナビゲーターだけの報道もあります。おまけに犠牲者の遺族から隔離《かくり》された軍事裁判というのも、一九九五年の沖縄《おきなわ》の少女暴行《ぼうこう》事件ではないけれど、イタリアの主権《しゅけん》にかかわる大問題ではないでしょうか。

日本国内での米軍機による危険な低空飛行訓練は、イタリアどころの話ではなく、その実態《じったい》も発表されず事前通告もなく、もはや〝日常化《にちじょうか》〟している状態《じょうたい》です。もし同様な事故が、沖縄で本土で起きていたとしたら、と考えれば、これは決して人ごとではないですよね。

（＊本書の校正中、一九九九年三月四日に米海兵隊の軍法会議で、事故機のパイロットは無罪評決《ひょうけつ》となり

ました。遺族ならびにイタリア当局は強く反発している現状です）

カバレーゼ町を訪《たず》ねる

墜落現場のあるカバレーゼ町は、標高一〇〇〇メートル。高原の田舎町《いなかまち》とは思いのほか、近代的で清潔《せいけつ》な観光地でした。

目抜《めぬ》き通りはバカンス客で溢《あふ》れ、クリーム色や白壁《しろかべ》の建物の窓やベランダに、そして路上にまで、色とりどりの花が添《そ》えられています。訪れる人たちを、精一杯歓迎《せいいっぱいかんげい》してくれるかのよう。快晴《かいせい》だったせいか、拍子抜《ひょうしぬ》けするようなさわやかさです。

一見して、普通《ふつう》のビルみたいな庁舎《ちょうしゃ》の会議室で、私たちを迎えてくれたのは市民問題担当《たんとう》のヴァイヤ氏、警察《けいさつ》・消防《しょうぼう》担当のサンドリ氏でした。出張《しゅっちょう》中の町長にかわっての対応でした。共にラフな半袖《はんそで》シャツ姿《すがた》で、役人といういかめしさはありません。しかし、話がひとたび事件に触れますと、なごやかだった空気が一変しました。

「その日その時、私たちは庁舎で会議中でした。突然の電話で、事故の発生を知らされましたよ。ぎょっとなりましたが、またかとね。というのは二昔ほど前にも、ゴンドラが落ちたのです。それは技《ぎ》術《じゅつ》上のミスだったわけですが、今度の原因《げんいん》は米軍機とわかり、ショックを受けました。五分後、消防関係者が現場に出動しました。それはもう惨憺《さんたん》たるものでして、まったく残念なことに……スキー客全員の死亡が確認されました」

「米軍機による低空飛行は、いつ頃からおこなわれていたのですか」

「二〇年ほど前（一九七九年頃）からです。といっても、今度のような超低空ではなかった」

「二〇年もとは、ひどい話ですね。しかも今回の飛行高度は、ケーブルを切断したんですから、地上一〇〇メートルほどですよね」

「彼らは地図に載《の》っていなかった、見えなかった、そうするつもりはなかった、と言ってますが、最《さい》低限《ていげん》の安全基準さえも頭になかった。ええ、まったく！」

「低空飛行訓練に加えて、ケーブル下をくぐろうというプレー感覚ではなかったですか」

「そうかもしれない。まったくやりきれないことです」

「犠牲者への謝罪や補償《ほしょう》は、どうなっていますか」

「まだはっきりしません。四分の一をイタリアが、残りはアメリカの規定になっていますが……」

「観光客は減《へ》っていますか」

「ええ、どんどん落ちこむのが心配です。観光客で成り立っている町ですから」

説明を聞きながら、私の脳裏には、新聞記事の第一報がなまなましく迫《せま》ってきました。切《き》り抜《ぬ》きを持参し、再読《さいどく》しながらきただけになおさらのことです。

一面に雪が積もった銀白色の山腹には、ぐしゃぐしゃになったゴンドラの黄色い残骸《ざんがい》と、犠牲者の鮮血《せんけつ》の赤さがひときわ目を引いたという。そして至《いた》るところに散乱《さんらん》していたのは、スキー板やら毛糸の帽子《ぼうし》、手袋《てぶくろ》。ぶっちぎられたケーブル……。犠牲者のなかには、新婚《しんこん》旅行のカップルもいれば、ポーランドからスキーにきていた親子もいました。イタリア人三人を含め、五カ国からきていたスキー客ら二〇人が、一瞬《いっしゅん》のうちに惨死《ざんし》したのです。

この日、カバレーゼの町役場には、半旗が掲《かか》げられ、弔意《ちょうい》を示《しめ》すため、終日閉《と》じられたままだったという。

旅のしめくくりに

惨事の現場へと案内してもらいましたが、冬のスキー客のみならず、夏の避暑地《ひしょち》としても、これは最高のところ。

谷底に清流のあるなだらかなスロープには、ロッジ風のきれいな家が並んでいます。アルプスの少女ハイジの村を思わせるような集落です。集落と向かいあうのは、二〇〇〇メートル級の豪快《ごうかい》なアルプスの山々。

木立《こだち》のなかの山路を歩いて、ほんの少しで、牧場のような草原にたどりつきました。歩道に沿《そ》ったところに建てられた追悼標示《ついとうひょうじ》には、惨事の概略《がいりゃく》と、犠牲者の氏名、生年月日などが記されています。

よく見ていくと、最年少者は一九八五年二月二八日生まれのフイリップ君です。まだ一三歳のはず。同じ姓《せい》のエバァさんは三八歳。ポーランドからきた親子は、そろって帰らぬ人となったのです。

次いで、墜落現場へ足を向けました。追悼標示から二〇〇メートルほど行った先の、山の裾野《すその》へ。もみの木が植樹《しょくじゅ》されたところに、関係者が建てた墓標《ぼひょう》と、鉢植《はちう》えや花束がどっさり添えられ、「ヘムニッツからきたスキー好きの君へ」など、死を悼《いた》む掲示《けいじ》もいくつか。

黙祷《もくとう》してふり向くと、集落のある丘の突端《とったん》にロープウェイの乗り場があって、数本のケーブルが頭上を渡っている。といっても、すぐ真上です。この下をくぐり抜けるなど信じがたい暴挙《ぼうきょ》で、無謀無法を越《こ》えて、まるで「殺人機」です。ちょっと操縦《そうじゅう》をあやまれば、集落の学校や病院などに激突《げきとつ》する危険性《きけんせい》もあったわけで、さらに町なかへ突《つ》っ込《こ》んでいたら、どうなっていたことでしょうか。

なにしろ、ここは人里離《はな》れた僻地《へきち》なんかではなく、町なかの庁舎からクルマでたった五分。それこそ目と鼻の先なんですから。

惨事のあと、カバレーゼのジルモッツイ町長は、イタリア政府と米軍当局に対し、ただちに低空飛行訓練中止を要求。また地元では「正義のための二月三日委員会が発足《ほっそく》して、低空飛行訓練の全面中止のみならず、イタリアでの裁判実施、被害者への十分な補償を求めて内外に訴《うった》えるなど、さかんな運動を展開中《てんかい》です。

もちろん、地元ばかりではなく、イタリア国民は強い関心と憤《いきどお》りを示し、ローマの米国大使館や各都市の米国領事館《りょうじかん》前で、抗議《こうぎ》デモがおこなわれました。とくに事故機が何くわぬ顔で帰還した基地のあるアビアノ町は、騒然《そうぜん》たる空気に。米軍基地閉鎖《へいさ》を求める集会がおこなわれて、五〇〇〇人が参加し「米軍はイタリアから出ていけ」を唱和しながら、基地兵舎《へいしゃ》前から町なかまでデモしたのは、この三月一日のこと。

そんな新聞記事をみていくと、過去のレジスタンスの歴史が、現代《げんだい》にまできちんと受《う》け継《つ》がれているような気がします。

米軍帰れは、すなわち「ヤンキー・ゴーホーム」ですが、この頃の私たちは、ほとんど口にすることもなく、また耳にもしていません。

カバレーゼの事故機ＥＡ６Ｂ（機体番号163045）は、日本の厚木《あつぎ》、岩国基地に駐留していた事実も報じられているからには、日本からイタリアへ移ったのです。しかし在日《ざいにち》米軍には、日米安保《あんぽ》条約と日米地位協定でさまざまな特権《とつけん》が与えられ、何があっても大目に見よといわんばかりですが、それが当然のことのような現実《げんじつ》を、あるがままに見送ったとしたら、この先どうなることでしょうか。

今度のイタリアの旅は、レジスタンスの歴史からはじまって、結局、こんにちただいまの私たちの生きる足元を、ふり返らせてくれたような気がします。

そういえば、昔からのことわざにもありますね。「人のふり見てわがふり直せ」と。人のすることをよく見て、自分はどうかともう一度反省してみるも、大事なことではないでしょうか。人のふりというにしては、ずいぶん遠い国のお話でしたが……。

ちょっと、時間を超過《ちようか》してしまいました。

それではこれで、イタリアの旅での連続講座を終えることにします。またまた、近いうちに、みなさんとお会いできるのを楽しみに。——

一九九九年版《ばん》　あとがき

新聞記事の切《き》り抜《ぬ》きをはじめて、何年になることでしょうか。いや、二ケタの歳月《さいげつ》になるかもしれません。

項目《こうもく》別に紙袋《かみぶくろ》に入れるだけのことですが、おかげで資料袋《しりょうぶくろ》は、あちらこちらに山積みでもはや手に負えない状態《じょうたい》です。いつの日にか役に立つだろうと思いつつも、袋ごと忘《わす》れてしまうこともたびたび。

でも、「イタリア」の一袋を開けてみれば、やはり、それなりのことはあります。たとえば、戦時下のローマでのアルデアティーネの惨劇《さんげき》から、事件《じけん》をめぐっての裁判《さいばん》の経過《けいか》が、断片的《だんぺんてき》ながらわかります。その「イタリア」袋が、にわかに充実《じゅうじつ》してきたのは、一九九八年二月から。本書の第三話で触《ふ》れたイタリア北部リゾート地での、悲劇的《ひげきてき》ニュースです。米軍機の低空飛行でロープウェイが切断《せつだん》され、ゴンドラのスキー客全員が死亡《しぼう》したという事件でしたが、これは見逃《みのが》せないぞ、と思いました。

各紙の関連記事を、せっせと切り抜いているうちに、戦後に見たイタリア映画《えいが》の名作が心に残っていたせいか、私《わたし》はイタリアという国に、改めて関心を持つようになりました。

第二次世界大戦下のイタリアは、日本・ドイツと、ファシズムのトリオを形成していました。すなわち日独伊《にちどくい》三国同盟《どうめい》（一九四〇年）が、世界的な規模《きぼ》の侵略《しんりゃく》戦争を推進《すいしん》したことは、周知のとおりです。しかし、そのイタリアは、日本の敗戦より二年も早くトリオから離脱《りだつ》して、連合軍の側につき、ドイツに宣戦《せんせん》しました。

それはなぜ、どのようないきさつからだったのか。たまたま手にした木村裕主《ひろし》著《ちょ》『ムッソリーニを逮捕《たいほ》せよ』は、ドキュメンタリーさながらの迫力《はくりょく》で、この疑問《ぎもん》に答えてくれます。ふーん、そういうこともあったのかと、私は衝撃《しょうげき》を受けました。

まだ少年の日に、東京大空襲《だいくうしゅう》を体験した私にとってあの戦争の結末は、勝利か破局《はきょく》（一億玉砕《ぎょくさい》）かのどちらかしかないものと思っていました。ところが破局のずっと前に、途中《とちゅう》でパスすることもできたのです。そればかりではない。連合軍の侵攻《しんこう》よりも早く、かれらは立ち上がったのです。パルチザン戦争で、ナチ・ファシズムの息の根をとめたイタリア人に感動し、敬意《けいい》を表したくなりました。

それが、バネになったのだと思います。戦後も半世紀余《あまり》が過《す》ぎた今、何がどのくらいつかめるかはわからないけれど、行ってみよう、その歴史の現場《げんば》へ――と腹《はら》を決めました。そしてできることなら、過去《かこ》とつながる現在《げんざい》の平和問題をもと欲《よく》ばって、一九九八年夏のイタリア行きとなったのです。

帰国してからのまとめは四苦八苦でしたが、とにかく活字になってしまった以上は、ジタバタしてもはじまりません。ただ、ともするとファッションやグルメになりがちなイタリアブームに、いやいやイタリアにはこんな面もあるんだぞという、いささかのイメージ刷新ともなれば幸せです。

＊

なお、本書の誕生《たんじょう》までには、多くの方々から、たいへんなご協力をいただきました。巻末《かんまつ》にお名前を掲《かか》げましたが、特に木村裕主氏からは、直接《ちょくせつ》お目にかかって懇切《こんせつ》なアドバイスを受けたほか、貴重《きちょう》な資料《しりょう》を提供《ていきょう》していただきました。また立命館大学の松田博先生からも、いろいろご教示《きょうじ》いただきました。先駆者《せんくしゃ》たちのお仕事から、どんなに学ばせてもらったことでしょうか。

参考にした新聞各紙は、あまりにも多くて、掲載《けいさい》年月日を明記できませんでしたが、主に『朝日新聞』、『毎日新聞』、『しんぶん赤旗』、『平和新聞』などです。記して謝意《しゃい》を表します。

一九九九年三月

早乙女《さおとめ》勝元

主な参考資料

山崎功著『イタリアという国』岩波新書

土井正興編『イタリア入門』三省堂選書

世界の国シリーズ④『イタリア』講談社

森田鉄郎・重岡保郎著『世界現代史22　イタリア現代史』山川出版社

田中千世子著『イタリア・都市の歩き方』講談社現代新書

西本晃二著『イタリアところどころ――光の国の美術・歴史散歩』実業之日本社

佐藤一子著『イタリア文化運動通信』合同出版

ファビオ・ランベッリ著『イタリア的考え方――日本人のためのイタリア入門』ちくま新書

木村裕主著『ムッソリーニを逮捕せよ』講談社文庫

木村裕主著『ムッソリーニの処刑――イタリア・パルティザン秘史』講談社文庫

木村裕主著『ムッソリーニ――ファシズム序説』清水書院
マクス・ガロ著、木村裕主訳『ムッソリーニの時代』文芸春秋
ポール・ギショネ著、長谷川公昭訳『ムッソリーニとファシズム』（文庫クセジュ）白水社
大森実著『ムッソリーニ』人物現代史②講談社
ウンベルト・エーコ著、和田忠彦訳『永遠のファシズム』岩波書店
アンドレ・フランソワ＝ポンセ解説、大久保昭男訳『ヒトラー＝ムッソリーニ秘密往復書簡』草思社
クリストファー・ヒッバード著、加藤俊平訳『黒シャツの独裁者、統領ムッソリーニ』（第二次世界大戦ブックス）サンケイ新聞出版局
ロベルト・ジェルヴァーゾ著、千種堅訳『私は愛に死ぬ――ムッソリーニと恋人クラレッタ』新潮社
タイム・ライフブックス編、ロバート・ウォリス著、小山田義文訳『イタリア戦線』（ライフ第二次世界大戦史）西武タイム
ラウル・ヒルバーグ著、望田幸男他訳『ヨーロッパ・ユダヤ人の絶滅』（上下）柏書房
ジャン・フランコ・ヴェネ著、柴野均訳『ファシズム体制下のイタリア人の暮らし』白水社
アーダ・ゴベッティ著、戸田三三冬監修・解説、堤康徳訳『パルチザン日記一九四三～四五―イタリア反ファシズムを生きた女性』平凡社
P・マルヴェッツイ他編、河島英昭他訳『イタリア抵抗運動の遺書』冨山房百科文庫
野村二郎著『ナチス裁判』講談社現代新書
望田幸男著『ナチス追及』講談社現代新書
鈴木安蔵他著『日独伊防共協定前後――歴史の証言』新日本新書
片桐薫著『グラムシ』リブロポート
ウニタ紙編、坂井信義、大久保昭男訳『君はグラムシを知っているか？』リベルタ出版
マリオ・アリギエロ・マナコルダ著、上野幸子、小原耕一訳『グラムシにおける教育原理』楽
島田豊著『グラムシへの旅――現代イタリア紀行』大月書店
松田博著『ボローニャ「人民の家」からの報告――ワインとレジスタンスの街の市民たち』合同出版

クリストファー・ヒバート著、横山徳爾訳『ローマ——ある都市の伝記』朝日選書
長尾重武著『ローマ―イメージの中の「永遠の都市」』ちくま新書
猪俣勝人著『世界映画名作全史』戦後編、現代教養文庫
『世界シネマの旅』①②朝日新聞社
マップマガジン⑬『イタリア98』エアリアマップ　昭文社
地球の歩き方㉔『イタリア』ダイヤモンド・ビッグ社
亀田利光「イタリアはナチ戦犯をいかに裁いたか?」(『世界』九七年一二月号) 岩波書店
戸田三三冬「ファシズムと反ファシズム」(『不戦』九六年三月号) 不戦兵士の会
ATTILIO ASCARELLI LE FOSSE ARDEATINE

旅程・資料などの協力(順不同、敬称略)
(株) ホンダ・トラベルサービス (本多一重、相原美千代)
ホッセ・アルデアティーネ館 (ローマ)、伴安弘、上野幸子
トレント県カバレーゼ町役場
〈写真〉山本耕二、重田敞弘、鷹取忠治、木村裕主、(財) 川喜多映画文化財団
〈資料など〉木村裕主、松田博、亀田利光、守屋龍一、大和田孝志、中山武敏、末永浩、上田精一、足立史郎、山崎真紀子、村上ますえ、天水早苗
〈翻訳〉亀田利光、橋本進、早乙女愛、田悟恒雄
〈装幀・レイアウト〉梅津勝恵、中村吉郎

総合あとがき

——一度は直接《ちょくせつ》に原画を見て、題材とされたスペインの小さな町ゲルニカまで行ってみようが、私《わたし》のこのところの夢《ゆめ》だった。

私がピカソの代表作ゲルニカに、こだわる理由は何か。そこが一九三〇年代のスペイン戦争で、フランコ反乱軍《はんらんぐん》を支援《しえん》するドイツ軍機（イタリア軍機も一部含《ふく》まれる）の無差別爆撃《ばくげき》で、徹底的《てっていてき》に破壊《はかい》された町だからである。

一九三七（昭和一二）年四月二六日がその日で、日中戦争が本格化《ほんかくか》し、全面戦争の幕開《まくあ》けとなった時期である。爆撃目標とされたゲルニカ町は、たまたま大衆《たいしゅう》市場の開催日《かいさいび》で、近郊《きんこう》からの大勢《おおぜい》の人で賑《にぎ》わう広場を中心にして、三時間余《よ》に及《およ》ぶ無差別爆撃だった。

ピカソは爆撃を伝えるニュースに、怒《いか》りに震《ふる》えながら、超大作《ちょうたいさく》「ゲルニカ」の絵筆をとったという。

それは、どんな作品だったのか。

私は首都マドリードで、待望の原画をしげしげと鑑賞《かんしょう》できたが、その感想は、すでに本書に書いた。ぎゅっと、いきなり心臓《しんぞう》をわし掴《づか》みにされたような迫力《はくりょく》だった。やはり原画は違《ちが》う。大画面からの立体的な躍動感《やくどうかん》に、その夜のホテルで、容易《ようい》に寝《ね》つかれなかったのを覚えている。

ピカソがキャンパスに想像力《そうぞうりょく》を集中していたゲルニカ町は、フランスとの国境《こっきょう》に近く、かなり遠方だったが、行ってみる価値《かち》があった。三人の体験者が迎《むか》えてくれて、爆撃目標とされたレンテリア橋などを案内してもらったが、農業用水にかかるほどの小規模《しょうきぼ》橋で、近くの武器《ぶき》工場と共に無傷《むきず》だったという。とすると、ドイツ軍は私の体験による米軍機B29と同様に、市民から戦意を奪《うば》うことを目標にして、小さな橋など眼中《がんちゅう》になかったのではないのか。一九四五（昭和二〇）年の東京大空襲《だいくうしゅう》では、下町地区はほぼ全滅《ぜんめつ》だったが、大軍事目標の石川島播磨造船所《はりまぞうせんじょ》などは、大した被害《ひがい》ではなかった。

猛爆撃《もうばくげき》から三日後、残されたレンテリア橋を渡《わた》って焦土《しょうど》入りした反乱軍の仕事は死体処理《しょり》だった。死者千六五四人、負傷者《ふしょうしゃ》八八九人とバスク州府は発表したが、諸説《しょせつ》があるのはパニック状態《じょうたい》だったからだろう。それから二カ月余に今度は日本軍機による中国の諸都市《しょとし》重慶《じゅうけい》などへの渡洋《とよう》爆撃が開始される。ハーグ空戦規則《きそく》では民間人への爆撃は禁《きん》じられていたものの、まったく無視《むし》されたのである。

次に『イタリア・パルチザン』へと、目を移《うつ》すとしよう。

一九九八年のイタリア取材で、私の足を釘付《くぎづ》けにしたのは、ミラノからローマへ行く途中《とちゅう》のボローニャ市庁舎《しちょうしゃ》だった。

正面壁一面に、横長三枚《まい》の巨大《きょだい》パネルが掲《かか》げられている。第二次世界大戦末期にパルチザン（人民遊撃《ゆうげき》隊《たい》）に参加して、侵略軍《しんりゃくぐん》と闘《たたか》い、命を落とした市民の顔写真が隙《すき》なく並《なら》んでいる。遺影《いえい》群の数は約二千人である。

ヨーロッパの街を歩くと、イタリアに限《かぎ》らずナチの犠牲《ぎせい》となった人びとの追悼碑《ついとうひ》を見るのは珍《めずら》しくないが、これだけ大勢の顔写真付きは初めてだった。もちろん屈強《くっきょう》の男たちが主力だが、白い八の字ひげの老人もいれば、あどけない少年少女もいる。

私が直立したのは、それらの視線《しせん》が、私の一点に集中しているのを感じたからだ。

「なにもしなかったのが、あなたの罪《つみ》だ……」

どこからか、そんな声がきこえたような気がして、どきっとした。

これらの視線を浴びて歩く通行人や学生たちは、みんな戦争とはどういうものなのかを体で学んでいるのだろうと思う。特に追体験の必要はない。毎日が体で学ぶ。つまり「体得《たいとく》」できる町だとすると、継《けい》承《しょう》の機会に恵《めぐ》まれた人たちが羨《うらや》ましく思えた。「知っているなら伝えよう、知らないなら学ぼう」と訴《うった》え続けてきた私だが、伝えるべき人たちが次つぎとこの世を去っていく。それでいいはずはない。

最後になったが、もう一度スペインに戻《もど》って米軍基地《きち》との関係を問い直してみたい。日本にいると「井《い》の中《なか》の蛙《かわず》」ではないが、沖縄を始めとして米軍の駐留《ちゅうりゅう》は当然という空気だが、ヨーロッパではそうではない。本書の執筆《しっぴつ》時の調査《ちょうさ》だが、米軍基地の大幅《おおはば》な縮小《しゅくしょう》と削減《さくげん》とがヨーロッパ全体の流れになっているからである。

たとえば、マドリード東北一八キロのトレホン・アルドス市の場合、広大な米軍基地に配備《はいび》された米軍のF16戦闘爆撃機《せんとうばくげきき》は七二機だったが、執筆時点ではゼロ。たった十人ほどの支援要員を残すだけだという。なぜか。米軍基地を「おいてもらっている」日本と違って「おかせてやっている」が、自立する市民の基《き》本的《ほんてき》な考えだからだ。基地跡《あと》の現場《げんば》まで案内された後、会議室で副市長さんとの話し合いになった。イタリアにおける米軍機の大惨事《だいさんじ》も頭にあって、在日《ざいにち》米軍の現在《げんざい》と未来に重なる問題提起《ていき》ともなり、まことに有意義《ゆういぎ》なひとときだった。

（二〇二〇年一月　作者）

早乙女勝元（さおとめ　かつもと）
1932年東京生まれ。作家、東京大空襲・戦災資料センター館長。主な近著書に『空襲被災者の一分』（本の泉社）、『螢の唄』（新潮文庫）、『ナチス占領下の悲劇　プラハの子ども像』『その声を力に』『赤ちゃんと母の火の夜』『アンネ・フランク』『もしも君に会わなかったら』（以上新日本出版社）、『わが母の歴史』（青風舎）、『東京空襲下の生活日録』（東京新聞）など多数。

引用一覧

早乙女勝元編『母と子でみる34　ゲルニカ　ナチ爆撃のスペインの町』(草の根出版会)
早乙女勝元編『母と子でみる46　イタリア・パルチザン』(草の根出版会)

ゲルニカ　無差別爆撃《むさべつばくげき》とファシズムのはじまり

2020年2月25日　初　版　　NDC913 223P 21cm

著　者　早乙女　勝　元
発行者　田　所　　稔

郵便番号　151-0051　東京都渋谷区千駄ヶ谷4-25-6
発行所　株式会社　新日本出版社
電話　03（3423）8402（営業）
03（3423）9323（編集）
info@shinnihon-net.co.jp
www.shinnihon-net.co.jp
振替番号　00130-0-13681

印刷　光陽メディア　　製本　小泉製本

落丁・乱丁がありましたらおとりかえいたします。

ISBN978-4-406-06334-0　C8022　Printed in Japan

イタリア全図
スイス
オーストリア
メラーノ
ボルツァーノ
コモ湖
カヴァレーゼ
ミラノ
トリノ
スロヴェニア
ヴェネツィア
クロアチア
ボローニャ
ボスニア=
ヘルツェゴヴィナ
フィレンツェ
リボルノ
コルシカ島
(仏領)
ローマ
アドリア海
オルビア
サルデーニャ島
ナポリ
オリスターノ
ティレニア海
カリアリ
パレルモ
イオニア海
シチリア